★ 기획 김민형 ★

영국 에든버러 국제수리과학연구소장이자 에든버러대학교 수리과학 석좌 교수이며, 한국고등과학원 석학 교수입니다. 한국인 최초로 옥스퍼드대학교에서 수학과 교수를, 워릭대학교에서 세계 최초로 '수학 대중화' 석좌 교수를 지냈습니다. 해마다 웅진재단 수학영재 멘토링프로그램에서 강의하고 있으며, 웅진씽크빅 자문을 하고 있습니다. 지은 책으로 《수학이 필요한 순간》《어서 오세요, 이야기 수학 클럽에》《삶이라는 우주를 건너는 너에게》 등이 있습니다.

★ 글 김태호 ★

동화 〈기다려!〉로 제5회 창비어린이 신인문학상을 받으며 작품 활동을 시작했습니다. 단편동화집 《제후의 선택》으로 제17회 문학동네어린이문학상 대상, 동화 〈산을 엎는 비틀거인〉으로 제7회 열린아동문학상을 받았습니다. 그림책 《아빠 놀이터》《엉덩이 학교》를 쓰고 그렸고, 청소년 소설 《별을 지키는 아이들》《일 퍼센트》 등을 썼습니다.

★ 그림 홍승우 ★

홍익대학교 시각디자인과를 졸업하고, 가족의 일상을 따뜻한 시선으로 그린 만화 《비빔툰》으로 만화 활동을 시작했습니다. 어려워 보이는 과학을 쉽고 재미있는 만화로 전달하는 것을 좋아한답니다. 그린 책으로 《올드》《초등학생을 위한 양자역학》(전 5권) 《이그너벨 박사의 과학실험 대소동》(전 7권) 등이 있습니다.

초등학생을 위한 이야기 수학

김민형 교수의 수학 추리 탐험대

④ 수와 규칙: 특명! 엄마를 구출하라

기획 김민형
글 김태호
그림 홍승우

북스그라운드

"수학도 이야기가 될 수 있을까?"

제가 수학자의 길에 들어선 것도 어느새 수십 년이 되었습니다. 그동안 저는 사람들이 수학과 친해지길 바라는 마음에 수학을 대중화하는 활동과 강연에 많은 시간을 쏟아 왔습니다. 강연에서 만난 사람들이 "수학이란 무엇인가요?"라고 물으면 "세상을 정밀하게 이해하게 도와주는 도구입니다."라고 답하곤 했죠. 그렇게 대답하다 보니 세상의 기초를 이해하는 데 도움이 된다는 점에서 수학과 문학이 공통점이 있다는 생각이 들었습니다. 그러다 '수학도 이야기가 될 수 있을까?' 하는 질문을 떠올리게 되었지요.

이 질문의 답을 구하기 위해 저는 2023년 에든버러 국제수리과학연구소에서 '수학은 이야기인가?'라는 주제로 대담회를 열었습니다. 세계 최고의 수학자, 철학자, 문학가 세 명이 강단에 올랐고 관중들의 적극적인 참여 속에 열띤 토론이 이어졌지요. 하지만 만족할 만한 답을 찾아내지는 못했어요. 어쩌면 애초에 결론을 내리기 불가능한 주제였는지도 모릅니다.

사실 수학을 하나의 이야기라고 했을 때 문학과는 분명히 차이가 나는 지점이 있습니다. 좋은 소설은 배경지식이 없다고 해서 아예 이해가 안 된다거나 의미가 모호해지는 경우가 드뭅니다. 상식과 지식을 어느 정도 갖추고 있으면 소설이 품고 있는 문화적 전통을 소화할 수 있고 읽는 즐거움도 느낄 수 있지요.

그러나 수학은 수천 년 역사 중 어느 한 시대의 수학적 발견과 그 언어를 제대로 흡수하지 못하면 그다음을 전혀 이해할 수가 없습니다. 이렇듯 앞뒤 줄거리의 미세한 부분 부분이 무수한 가닥으로 연결된 복잡한 구조는 수학을 이야기로 즐기기 어렵게 하죠.

그렇지만 문학과 수학에는 공통점도 있습니다. 수학의 이야기 나무 역시 어느 시기에 가장 뛰어나다고 평가된 수학적 발견에 힘입어 새로운 실가지를 뻗어 나가고 어린 이파리들을 피워 내거든요. 즉, 수학과 문학이라는 나무는 '이야기'라는 공통의 뿌리를 지닌 셈입니다.

이런 생각을 이어 가다가 수학을 소설 형식에 담아내고 싶다는 생각에 이르렀습니다. 수학과 문학에 공통으로 스며 있는 이야기의 힘을 확인해 보고 싶었던 거죠. 재미도 있고 수학적 깊이도 있으면서 문학적 가치가 있는 작품을 꽤 오랫동안 찾아보았어요. 이미 세계 여러 곳에서 그런 시도가 있었던 터라 널리 알려진 수학 이야기들을 어렵지 않게 만날 수 있었습니다.

재미뿐 아니라 상상력을 자극하는 이야기를 기대했는데 대부분 조금씩 아쉬웠어요. 어린이를 대상으로 한 책들은 코믹성이나 판에 박힌 모험담 아니면 윤리관을 강조하는 이야기가 적지 않더라고요. 이 아쉬움을 풀기 위해서는 이야기를 직접 만들어야겠다는 생각이 들었습니다. 욕심이 앞선 나머지 얼마나 무모한 생각인지도 모르고 도전에 나섰습니다. 그러면서 피해야 할 기준 세 가지를 세웠습니다.

첫째, 수학의 '재미'에만 집중하는 것은 피하자. 사람들은 대부분 수학을 재미없어합니다. 그래서 일단 '수학은 재미있다.'라고 흥미를 끈 다음, 독자를 깊이 있는 수학 이론으로 이끄는 작전을 세우곤 하는데, 이것이 꽤 잘 먹히기는 해요. 그러나 이런 작전은 수학의 기초 개념을 전달하는 데는 효과가 있어도 계속 좋아하게 하는 데는 한계가 있습니다.

둘째, '수학자들의 멋있는 말만 나열하는' 겉멋에 빠지지 말자. 이런 전략은 대부분 사고의 진전에 도움이 되지 못하고 마치 이해한 것처럼 착각하게 이끌 우려가 있으니까요.

셋째, 수학을 그럴듯한 특수 효과로 사용하지 말자. 사실 뛰어난 문학 작품 중에도 수학을 다룬 이야기가 있습니다. 하지만 수학 개념과 이야기가 잘 어우러지지 않거나 수학을 단순히 하나의 소재로 활용한 수학 이야기라는 점에서 아쉬웠습니다.

이 책이 저의 깐깐한 기준을 만족시켰는지 궁금하다고요? 솔직히 몇 년에 걸쳐 이 책을 만들면서 정말 그런 수준에 이를 수 있을지 의심한 적이 많아요. 하지만 의미 있는 도전을 하려면 어떤 식으로든 다짐이 필요합니다. 최고의 대가들이 모였던 에든버러 대담회에서마저 결론을 찾기 힘들었던 문제인 만큼 불가능에 가까운 시도일지 모르지만, 제가 어릴 적에 읽고 싶었던, 그리고 아이들이 자라면서 읽게끔 하고 싶은 수학 이야기를 만들고 싶었습니다.

분에 넘치는 포부는 때로 일을 시작하기 어렵게 합니다. 불만족스럽다는 생각을 내보이면 "그렇다면 네가 한번 해 봐."라는 핀잔을 듣게 되고, 깐깐한 잣대에 비해 터무니없는 나의 실력이 탄로나는 걸 감수해야 하죠. 그런 불안을 껴안고도 이 작업을 해 나갈 수 있었던 것은 혼자 만드는 책이 아니었기 때문입니다. 동화 전문가 김태호 작가, 학습 만화의 대가 홍승우 작가, 심리학을 전공한 SF 고수 김명철 박사, 콘셉트 아티스트 박지윤 작가, 공간 디자이너 강푸름 씨 그리고 서금선, 이은지, 최지은 편집자가 모여 드림

팀을 만들었지요.

  사용하는 언어와 겪었던 경험이 서로 다른 사람들이 하나의 목표를 향해 나아가는 과정은 흥미로운 무질서가 들끓는 용광로와 같아요. 수학뿐만 아니라 다양한 텍스트와 그림, 역사와 미래, 가족과 친구, 선과 악, 삶과 죽음까지 인간의 관심사 전반에 걸쳐 토론하고 논의했답니다. 저의 서투른 사고를 보완하는 크고 작은 제안들이 끊임없이 쏟아졌고, 불쑥 튀어나온 아이디어가 예상을 뛰어넘는 장면으로 펼쳐질 때 탄성을 내지르기도 했어요. 이 작품의 가장 멋진 페이지들은 오롯이 동료들의 탁월한 능력과 팀워크가 빚어낸 성과입니다. '이야기'라고 하면 글보다는 말로 직접 전해야 한다는 느낌도 들지만, 책으로 만드니 여러 사람의 도움을 받을 수 있어서 정말 좋았습니다.

  이들의 수고가 헛되지 않도록 저 역시 나름대로 애쓰고 있어요. 제가 이 책에 기여할 수 있는 부분은 주로 수학 이야기일 터이니 여러 해 동안 수학 대중화 활동을 하면서 아이들과 이야기한 경험을 살리려고 노력했습니다. 그리고 아빠와 아이들의 관계를 묘사할 때는 결국 우리 가족 이야기를 어느 정도 반영하지 않을 수 없었어요. 이전에 제가 큰아들한테 보낸 편지가 토대가 되어, 이 동화에도 아빠의 편지를 넣게 되었습니다. 만약 나에게 딸이 있다면 어떤 편지를 썼을까 생각하니 상상력이 신나게 뻗어 나갔답니다. 전에 썼던 편지들 이후에 축적된 과학, 문학, 세상 이야기를 상상의 딸들에게 풀어낼 멋진 기회잖아요.

재밌고 의미 있는 문학 작품에 수학을 녹여 내는 일이 얼마나 어렵고 먼 길인지 깊이 느끼는 시간이었습니다. 그렇게 4년여의 시간 동안 복잡하고 어려운 담금질을 견뎌 낸 노력의 산물이 한 권씩 완성되어 가는 게 꿈만 같아요. 이 결과물에 어떤 판단을 내릴지는 부모님이나 선생님이 아닌 어린 독자들에게 맡기려 합니다.

자, 그럼 저와 함께 수학의 세계로 탐험을 떠나 볼까요?

2024년 6월 영국 에든버러에서
김민형

시작하며 *4
등장인물 소개 *12

제1화 **지하 음악실의 비밀** *16
아빠의 편지 19 세상의 모든 것은 움직이고 있다 *32

제2화 **블랙아웃으로 대혼란에 빠진 런던** *36
아빠의 편지 20 시공간은 어떻게 만들어졌을까 *58

제3화 **위기에 빠진 엄마의 우주선** *62
아빠의 편지 21 소수, 풀리지 않는 미스터리 *78

제4화 **세상을 멸망시키는 컴퓨터** * 82
아빠의 편지 22 소인수 분해로 이루어진 암호의 세계 * 104

제5화 **아빠가 꿈꾸는 아름다운 세상** * 108
아빠의 편지 23 규칙과 패턴을 만드는 수의 곱셈 * 136

제6화 **우주 쓰레기 섬에 갇히다** * 140
아빠의 편지 24 한밤중 수학자들의 양자 역학 토론 * 162

만든 사람들 * 166

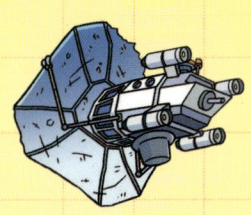

등장인물 소개

!!
방금 그건 뭐였…지?

이민형 42세

수학자이자 수인과 제인의 아빠

미래를 예측할 수 있는 새로운 양자 컴퓨터를 개발하기 위해 영국 런던에 머무르고 있다. 몇 번의 시행착오 끝에 시뮬레이션에 성공하지만, 어느 날 실종된다.

메건 리 40세

전자 물리학자이자 이민형 박사의 아내

미국 항공우주국(NASA)의 '우주 빗자루 프로젝트' 사령관이다. 우주를 청소하기 위해 달 궤도에 설치된 국제 우주 정거장에서 지내고 있다.

안녕~, 애들아~!

너, 딩가딩거 맞지?

이수인 12세

이민형, 메건 리 부부의 **쌍둥이 딸**(언니)

바이올리니스트가 꿈인 소녀. 말수가 적고 차분하며 시와 음악 등 예술적 감수성이 아주 뛰어나다. 아빠처럼 수학으로 세상을 바라보고 이해하려고 노력한다.

이건 뭐야?

이제인 12세

이민형, 메건 리 부부의 **쌍둥이 딸**(동생)

청각 장애가 있어서 보청기를 착용한다. 축구 선수가 꿈이며, 독서나 예술보다는 바깥에서 자연을 탐구하며 뛰어노는 것을 좋아한다. 아빠는 잘 듣지 못하는 제인을 위해 세상을 소리로 보는 방법을 알려 준다.

그만!

고영지 70세

이민형 박사의 어머니

초등학교 교사직을 은퇴한 후 쌍둥이를 돌보고 있다. 문학과 예술을 사랑하며, 건강을 위해 취미 삼아 마라톤을 한다. '영지 씨'로 불리는 걸 좋아한다.

딩가딩거

딩가르, 딩거르~♪

아빠가 길에서 만난 턱시도 고양이

아빠의 머릿속 세계를 안내한다.

이웃사촌이랍니다.

해리 오스틴 64세

시인이자 이민형 박사의 스승

이민형 박사와 문학적 교감을 나누는 친구이자 이웃사촌이다. 교수직에서 은퇴한 후 시와 평전을 쓰고 있다. 이 박사의 가족을 적극적으로 돕는다.

잭슨 오스틴 27세

해리 오스틴 교수의 조카

해리와 함께 살고 있는 록 뮤지션. 현재는 이민형 박사의 양자 컴퓨터 연구를 돕기 위해 대학원에서 컴퓨터 수학 박사 과정을 공부하고 있다.

첸 위 45세

브레인 콘택트 연구소 소장

이민형 박사와 함께 영국의 대학교에서 수학을 전공했으며, 현재는 뇌와 양자 컴퓨터 인터페이스를 개발하는 신경 과학자로 활동하고 있다.

이 박사가 무슨 일을 해 왔는지 궁금하셨죠?

유니캣

인공 지능 고양이

이민형 박사가 개발한 생성형 인공 지능. 필요한 정보를 빠르게 수집하고 계산해 엄마를 구하는데 활약한다.

제1화

지하 음악실의 비밀

첸 박사와 가족들은 터널을 지나 지하 음악실로 돌아왔다. 벽의 문이 열리는 순간, 수인과 제인을 찾아 음악실로 내려온 잭슨이 깜짝 놀라 뒷걸음질 쳤다. 이곳에서 첸 박사를 만나게 될 줄은 몰랐다.

"어, 어떻게 첸 박사님이?"

잭슨을 보고 놀라긴 가족들도 마찬가지였다.

"잭슨!"

그러나 잭슨은 상황을 따지고 있을 여유가 없었다.

"큰일 났어요. 거……실에…….."

좀처럼 표정 변화가 없는 잭슨이지만 지금은 얼굴에 두려움이 가득했다.

잭슨이 앞장서 계단 위로 성큼성큼 뛰어 올라가자 가족들과 첸 박사도 황급히 뒤따라갔다. 1층에 올라선 순간, 알 수 없는 힘이 자석처럼 몸을 끌어당겼다. 가족들은 서로 손을 꼭 마주 잡고서 천천히 거실로 향했다.

"세상에나! 이러다가 우리까지 삼켜 버리겠어."

상처 난 허공이 현관문 정도로 커져 있었다. 그걸 보고 놀란 영지 씨가 자리에 그대로 주저앉았다. 마치 거대한 블랙홀처럼 생긴 상처 난 허공은 크기만 커진 게 아니라 주변 공간까지 빨아들이고 있었다.

첸 박사, 이제 어떡하죠?

...

이 박사는 이유를 알고 있을 거예요!

"그럼요. 영지 씨, 아이들 잘 부탁드려요. 혹시라도 저랑 연락이 되지 않으면……. 아, 아니에요, 곧 다시 연락할게요."

"시스템 다운! 시스템 다운!"

휴대 전화 너머에서 다급한 목소리가 들려왔다. 메건 리 박사가 어색하게 웃으며 손을 흔드는 순간 통신이 끊겼다. 가족들은 작별 인사를 건네는 듯한 마지막 말이 신경 쓰였다.

제인이 불안한 듯 휴대 전화를 바라보는데, 영상 메시지가 수신되었다는 알림이 떴다. 부리 마스크가 보낸 메시지였다. 영지 씨는 다급히 화면을 가렸다. 휴대 전화를 쥔 손끝이 떨리고 있었다.

때마침 다가온 첸 박사가 영지 씨가 곤경에 처했음을 알아챘다.

"무슨 메시지인데 그러세요?"

망설이던 영지 씨가 첸 박사에게 메시지를 보여 주었다. 우주에서 위성과 우주선이 충돌하는 예상 경로를 표시한 영상이었다.

"부리 마스크들이 메건 리 박사를 두고 협박을 했어요. 그러곤 이런 영상을…… 보낸 거예요."

영지 씨의 목소리가 가느다랗게 떨렸다.

"여긴 위험하니, 일단 음악실로 내려가서 말씀 나누시죠."

상처 난 허공을 심각하게 지켜보던 잭슨이 다가와 말했다.

가족들은 서둘러 지하 음악실로 내려갔다. 잭슨과 수인은 다리가 불편한 영지 씨를 부축해 소파에 앉혔다. 첸 박사는 휴대 전화를 건네받아 영상을 주의 깊게 보았다.

"아무래도 부리 마스크들이 위성을 조종해서 메건 리 박사의 우주선을 공격하려는 모양이에요."

"엄마가 탄 우주선을요? 왜요?"

놀란 제인이 소리쳐 묻고 수인은 두 손으로 입을 막았다.

영지 씨는 당장에라도 울 것 같은 표정이었다.

"이 박사가 만든 컴퓨터를 내놓으라는 거지. 아, 시간이 얼마 없어. 컴퓨터를 만든 건 확실한데…… 도대체 어디에 둔 거야?"

"첸 박사님, 정말 엄마를 공격할까요?"

내내 말이 없던 수인이 처음으로 입을 떼었다.

"나도 겁만 주는 거라고 믿고 싶구나. 하지만 혹시라도……."

첸 박사는 머뭇거리다 말을 이었다.

"상처 난 허공이든 메건 리 박사의 우주선이든 이 박사가 만든 컴퓨터가 있으면 뭐라도 해 볼 텐데 말이다. 그동안 나 모르게 찾아낸 게 있다면 지금이라도 말해 주렴."

돌아가는 상황이 급박했다. 수인과 제인은 서로 눈을 맞추고 고개를 끄덕였다. 더 이상 둘만의 비밀을 만드는 것은 아무 의미가 없었다.

"아빠의 컴퓨터랑 관련 있는지는 모르겠지만, 아빠가 만든 뭔가가 있긴 해요."

수인이 쭈뼛거리며 첸 박사에게 말했다.

"저희가 알고 있는 건 다 말씀드릴게요."

제인이 다부진 표정을 지으며 기타 케이스를 바라보았다. 둘의 모습을 본 첸 박사는 분명히 쌍둥이가 뭔가 알아냈다는 것을 확신했다. 재슨은 첸 박사의 번뜩이는 눈빛을 놓치지 않았다.

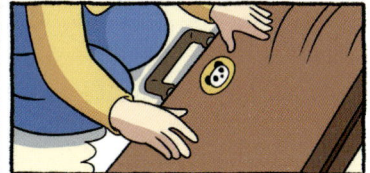

첸 박사는 제인이 말하는 진동에는 별 관심이 없었다. 그가 지금 주의 깊게 살펴보고 있는 건 음악실 양쪽으로 난 터널의 구조였다. 터널 두 곳을 오가며 한참을 고민했지만 알아낸 건 없었다. 첸 박사는 마음이 급해졌다.

"뭔가 더 중요한 게 있어. 사소한 거라도 괜찮으니까 뭐든 떠올려 보렴."

수인이 주머니 속에 있는 종이를 만지작거리다가 말했다.

"컴퓨터랑 무슨 관계가 있는지는 모르겠지만, 아빠가 음표와 관련된 힌트를 줬어요."

수인은 동그라미와 막대 모양으로 자른 종잇조각을 내밀었다.

"음표? 이 박사님이?"

잭슨이 먼저 다가와 종잇조각을 집어 들었다.

"딩가딩거, 아니 아빠가 준 힌트에서 추리한 단서는 0과 1로 이루어진 음표예요."

잭슨은 종잇조각으로 음표 모양을 만들었다. 첸 박사는 그런 잭슨을 경계하는 눈빛으로 쏘아보았다.

"음표를 가지고 뭘 한다는 거지?"

첸 박사는 뜻 모를 음표 얘기에 혼란스럽고 짜증이 났다.

"난 이 터널 안쪽 좀 살펴보고 올게."

첸 박사는 새로 알게된 터널 안으로 망설임 없이 들어갔다.

첸 박사는 이 일에 다른 사람이 끼어드는 걸 막아야 했다. 부리 마스크가 자신의 가족을 납치해 경찰에 알리지도 못하고 비밀리에 진행하고 있었기 때문이다. 첸 박사는 경고했다.

"잭슨, 더 이상 이 일에 끼어들지 말게. 자네까지 위험해질 수 있으니."

"첸 박사님, 박사님이 뭘 하는지는 관심도 없고 끼어들고 싶지도 않아요. 다만……."

"다만, 뭐?"

첸 박사가 신경질적으로 반응하자 잭슨은 오히려 빙그레 미소를 지으며 말했다.

"영지 씨 다리가 많이 부었더라고요. 아무래도 병원에 모셔 가야 할 것 같아요."

첸 박사는 갑작스럽게 영지 씨 얘기를 꺼내는 잭슨이 수상했지만 그를 이 터널에서 내보내는 게 우선이라고 생각했다.

"그렇군! 그럼 영지 씨한테 빨리 가 보세."

첸 박사가 잭슨을 재촉하며 함께 음악실로 돌아왔다.

가족들이 두 사람을 초조하게 기다리고 있었다.

"뭐, 별거 없네요. 그보다 영지 씨 다리가 걱정이에요."

잭슨이 소파에 앉아 있는 영지 씨의 발목을 가리키며 말했다.

"난 괜찮아요."

"큰 부상이 아니더라도 이대로 두면 점점 더 불편해질 겁니다. 얼른 병원에 다녀오세요."

첸 박사가 잭슨에게 눈짓을 했다.

"가까운 곳에 병원이 있어요. 제가 모셔다드릴게요."

쌍둥이가 근심 가득한 표정으로 영지 씨의 발목을 내려다보았다. 영지 씨는 자신이라도 아이들의 걱정을 덜어 주는 게 낫겠다고 생각해 잭슨을 따라나섰다.

영지 씨가 잭슨의 도움을 받아 오토바이 뒷좌석에 올라타는데 길 건너편 집에서 오스틴 교수가 우당탕퉁탕 뛰어나왔다.

"이게 무슨 일이에요? 많이 다쳤어요?"

한달음에 달려온 오스틴 교수가 영지 씨를 부축하며 함께 오토바이에 올라탔다.

"삼촌이 같이 가 주신대요."

"차로 가면 편한데, 하필 수리를 맡겼어요."

"아유, 계속 신세만 져서 미안해요."

"그런 말씀 마세요. 나도 이 박사에게 도움을 많이 받았어요. 수인이, 제인이는 아무 걱정 말고 기다리렴."

오스틴 교수가 쌍둥이를 안심시켰다.

첸 박사는 가족들이 나가자마자 기다렸다는 듯이 서둘러 다시 터널로 들어갔다.

세상의 모든 것은
움직이고 있다

`0과`

　어느덧 저녁 무렵이구나. 창문으로 쏟아져 들어온 노을빛에 책장과 벽이 다 붉게 물들었단다. 열린 창문으로는 시원한 바람이 불어오고 멀리서 교회 종소리가 들려오고 있어. 런던에서 저녁을 맞을 때면 사물이 서서히 붉은빛을 띠고 어디선가 은은한 소리가 들려와 무엇을 '보고', '듣는' 행위에 대해 사뭇 깊이 생각하게 된단다.

　지금 내가 책장을 보는 이 순간도, 우주를 떠돌던 빛이 지구 대기로 들어왔다가 어느새 아빠의 서재에 도달해, 책장에서 튕겨 나와 눈에 부딪히는 거란다.

　어쩌면 우리가 세상에 대해 알게 되는 것도 모두 이것저것과 부딪히는 과정 아닐까? 바람이 얼굴을 간질이는 것도 사실은 공기 분자들이 내 피부를 두드리

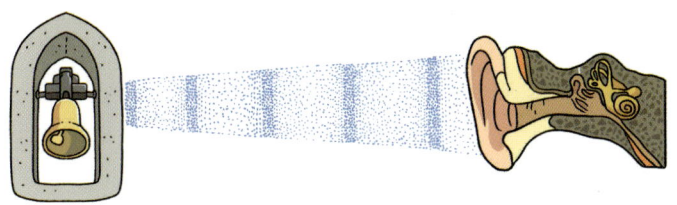

는 거지. 이 편지의 질감을 손으로 느끼는 것도 종이를 이루는 분자들이 내 손의 분자들에 이리저리 부딪히기 때문이고.

종소리를 듣는 것도 공기 분자의 두드림이라고 이야기했던가? 그것은 바람의 두드림과는 조금 달라. 바람은 기압의 변화나 물리적인 힘에 의해 공기가 한꺼번에 어떤 방향으로 움직이는 거야. 하지만 그 속에서도 각각의 분자는 사방으로 조금씩 움직이거든.

마치 지구가 태양 주위를 돌지만 지구에 사는 생물들은 그 안에서 자유롭게 여기저기 다니는 것과 같은 현상이야. 또는 큰 배가 바다를 항해할 때 배에 타고 있는 승객들은 자유롭게 갑판을 오가는 것과 비교할 수도 있겠다.

그래서 바람 속의 작은 공기 분자들은 아주 미세하게 움직이면서 서로 충돌을 일으켜 압력을 발생시키지. 이 압력은 바람이 없을 때도 끊임없이 움직이는 공기 분자들 때문에 계속 작용해. 우리가 종소리를 듣는다는 것은 우리 귀에 있는 고막을 통해 바로 이 공기 분자들이 만들어 낸 압력의 변화를 느끼는 거란다.

우리 주변의 공기에 압력이 있다는 걸 왜 못 느끼냐고? 실은 평소에 느끼지 못하는 이유가 있어. 이를테면 두 손가락으로 종이 한 장을 들고 있다고 해 보자. 종이의 표면을 공기가 막 때리고 있거든. 그러면 종이가 움직일 거 같잖아? 물론 종이가 아주 미세하게 떨리기는 해.

눈에 보일 정도로 움직이지 않는 건 종이의 양쪽 면에서 공기가 서로 부딪치며 밀고 있기 때문이야. 한쪽에서 때리는 만큼 반대편에서도 똑같이 때리니까 어느 쪽으로도 움직이지 못하는 거지. 만약 한쪽 면의 공기를 없앤다면 종이는 급격히 반대쪽으로 움직일 거야.

이렇게 정해진 공간 안에 존재하는 공기나 기체를 전부 없앤 상태를 '진공'이라고 해. 만약 진공 상태와 진공이 아닌 상태의 압력 차이를 알 수 있다면 평소 어느 정도의 공기 압력을 느끼는지 알아볼 수 있겠지?

1654년, 독일의 마그데부르크 시장 오토 폰 게리케는 진공의 힘이 얼마나 큰지 궁금했단다. 탐구 정신이 강했던 그는 강철로 된 반구 2개를 맞대어 붙인 다음 작은 펌프로 그 속에 있는 공기를 다 빨아냈어. 공기가 없어진 반구 안쪽은 압력이 0이고, 바깥쪽은 공기 분자들이 그대로 반구의 표면을 밀어붙이는 상태인 거야. 두 반구를 떼어 내려고 양쪽에 말을 여러 마리 묶어서 반대 방향으로 움직이게 했는데, 양쪽에서 각각 8마리나 되는 말이 당긴 후에야 겨우 떨어졌대. 우리가 평소 느끼지 못했던 공기 분자의 압력이 그 정도로 크다는 뜻이지.

눈에 보이지도 않는 공기가 이렇게 계속 움직인다는 것을 알아낸 뒤 사람들

은 모든 물질의 구성 요소에 대해 많은 것을 파악했어. 이제는 세상 모든 것이 끊임없이 미세하게 움직이고 있다는 사실을 알게 되었지. 책상에 놓인 책도 가만히 있는 것 같지만 자세히 들여다보면 책을 이룬 입자들이 부단히 움직이고 있어. 그 말은 물체의 위치조차 아주 정확하게는 알 수 없다는 거야.

우리도 같이 진공 상태를 만들어 봤잖아. 작은 양초에 불을 붙여서 물을 담은 접시에 띄운 다음 병으로 양초를 덮는 실험이었는데, 기억나니? 병 속의 공기가 다 타서 없어지자 접시에 있던 물이 병 속으로 들어갔잖아? 물 분자도 사방으로 움직이며 압력을 만들거든. 병 속에 있던 공기가 사라지고 물을 밀어 내던 압력이 줄어드니까 물이 병 속으로 막 침투한 거지.

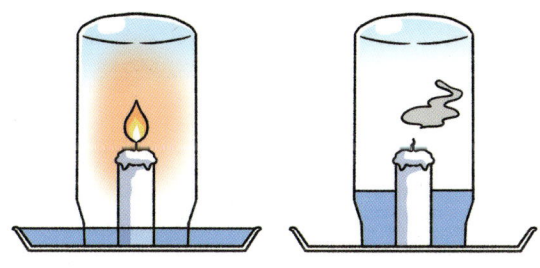

그렇다면 말이야, 세상의 모든 것이 다 움직이고 있다면 공간 자체도 움직이는 게 아닐까? 아빠는 궁금해지네.

1에게

제 2 화

블랙아웃으로 대혼란에 빠진 런던

잭슨은 병원으로 향하며 기억을 더듬어 보았다. 이민형 박사가 실종되기 전 여러 번 음악실을 방문했기 때문에 엄청난 무언가를 만들고 있다는 건 짐작했었다. 하지만 그게 컴퓨터일 줄은 몰랐다. 지금 벌어지고 있는 일들을 생각하면 과연 이 박사가 잭슨이 알던 사람인지조차 헷갈릴 지경이었다.

혼란스러웠지만 당장은 첸 박사가 지하 터널의 '에너지 하베스터*'를 발견하고서 눈을 희번덕거리던 수상한 움직임에 집중해야 했다. 아무래도 그가 이 박사의 가족들을 이용하는 것 같았다. 잭슨은 이 박사를 생각해서라도 가족들을 돕고 싶었다.

빠아앙! 잭슨은 경적 소리에 정신이 번쩍 들었다. 주변을 둘러보니 신호등이 모두 꺼지고 도로가 꽉 막혀 있었다.

한편, 첸 박사는 음악실이 컴퓨터라는 사실을 깨닫고 황홀한 표정으로 내부를 둘러보았다.

"도대체 어떻게 만든 거지? 이건 누구도 상상한 적 없는 새로운 방식의 양자 컴퓨터야."

첸 박사는 음악실 여기저기를 뒤지기 시작했다. 모니터를 켜 봤지만 아무런 반응이 없었다. 이 박사가 만든 컴퓨터는 기존의 방식으로는 사용할 수 없는 게 분명했다.

"작동법을 알아내야 해!"

첸 박사는 뭔가 급한 일이 있는 사람처럼 자꾸만 시계를 들여다보았다. 5분, 10분…… 시간이 흐를수록 박사는 호흡이 거칠어지며 눈동자를 이리저리 바삐 움직였다.

"키보드가 어디 있을 텐데……."

영지 씨를 배웅하고 지하 음악실로 돌아오던 제인은 계단 벽에 손을 짚었다. 순간 미세한 진동이 느껴졌다.

"어, 뭐지? 이 진동? 아까 터널에서도 느꼈는데."

제인은 음악실 조명의 밝기가 규칙적인 진동에 맞춰 숨을 쉬듯 미세하게 바뀐다는 것을 알아챘다.

"첸 박사님! 컴퓨터가……."

그 순간 음악실의 컴퓨터를 제외한 모든 불빛이 꺼졌다.

* 에너지 하베스터: 일상에서 버려지는 열·진동·빛·전자기파와 같은 에너지원을 모아 전기 에너지로 변환하는 기술.

상처 난 허공을 바라보는 수인의 눈동자가 흔들렸다.

어쩌면 첸 박사는 이 박사가 아니라 부리 마스크와 한편일지도 모른다. 그렇더라도 지금은 첸 박사의 힘이 필요했다.

"첸 박사님한테 우리가 필요하듯, 우리한테도 첸 박사님이 필요해. 그러니까 우리도 같이 컴퓨터 작동법을 알아 보자."

제인이 대답 대신 수인의 손을 잡았다. 딩가딩거도 대답하듯 '야옹' 하고 울었다.

그 시각, 잭슨은 혼잡한 도로를 피해 골목을 돌아 병원에 도착했다. 주변은 정전으로 아수라장인데 병원만 불이 환했다.

"병원에는 비상 발전 시스템이 있어서 다행이에요."

오스틴 교수의 부축을 받으며 영지 씨가 응급실 앞에 내렸다.

영지 씨는 정전 사태를 보며 아이들 걱정에 마음이 편치 않았다.

"집도 정전이 됐겠지요? 애들이 많이 놀랐을 텐데 아무래도 집으로 돌아가는 게……."

"영지 씨, 여기까지 왔으니 서둘러 치료 받고 가는 게 나아요. 또 무슨 일이 생길지 모르잖아요."

영지 씨는 발목 통증이 점점 더 심해져 오스틴 교수의 말대로 빨리 치료부터 받기로 했다.

"첸 박사님이 같이 있으니까 너무 걱정 마세요. 치료 받으시는 동안 제가 아이들한테 가 볼게요."

"잭슨, 무슨 일이 생기면 연락해 다오."

"네, 삼촌."

잭슨은 서둘러 병원을 떠났다. 하지만 도로는 차들이 뒤엉켜 꼼짝도 할 수 없는 상황이었다. 경찰이 나서서 경광봉을 휘두르며 통제를 했지만 소용없었다. 잭슨은 큰길을 피해 건물 사이사이로 빠져나가 도심을 벗어났다.

잭슨이 향한 곳은 어느 커다란 터널 입구였다. 터널 안쪽은 블랙홀처럼 어두웠다. 잭슨은 오토바이 전조등을 켜고 아무것도 보이지 않는 터널 안으로 들어섰다.

"첸 박사가 이 박사님 가족들을 어디로 데려갔던 걸까? 책장 뒤 터널이 어디와 연결되는지 알아봐야겠어."

잭슨은 터널을 살피며 오토바이의 속력을 높였다.

잭슨은 런던의 지하 터널을 훤히 꿰고 있었다. 이 터널은 이 박사의 집 지하 음악실과 연결된 지름길이었다. 잭슨은 자신의 머릿속에 삼촌 집에서 보았던 터널 지도가 고스란히 담겨 있다고 자신했으나 터널의 구조는 예상보다 복잡했다. 잭슨은 오토바이를 멈추고 어디로 가야 할지 방향을 가늠해 보았다. 문득 이 박사와 나누었던 대화가 떠올랐다.

그 시각, 음악실을 살펴보던 첸 박사는 들고 있던 손전등을 껐다. 바닥의 회로와 천장의 금속 판 통로가 어둠 속에서 더욱 밝게 빛나며 전체 모습이 잘 드러났다. 음악실이 하나의 컴퓨터 라는 사실이 볼수록 놀라웠다.

"어떻게 이런 생각을 해냈을까? 뭘 눌러야 작동하려나?"

컴퓨터를 작동시키려고 기타 줄도 튕겨 보고 드럼도 쳐 보고 건반도 눌러 보던 첸 박사는 책장에 꽂혀 있는 책과 파일을 뒤지기 시작했다. 책장 아래 수납장을 열어 보니 온통 악보로 가득했다. 악보를 하나하나 자세히 살펴보던 첸 박사는 그중 표지에 〈슈뢰딩거의 고양이〉라고 적힌 악보를 꺼내 들었다.

양자 컴퓨터도 데이터를 입력하고 원하는 명령을 수행해서 결과물을 추출하는 게 기본이야.

제아무리 특별한 컴퓨터라고 해도 그게 기본이라고!

컴퓨터를 찾기만 하면 다 될 줄 알았는데 아직도 멀었어.

네, 네! 진짜로 딱 한 걸음만 더 나아가면 됩니다. 거의 다 왔다니까요.

제발, 저희 가족들만은….

아!

이젠 정말…

…시간이 없어!

"도시 전체에 전기가 나간 것 같아요."

1층에 올라갔던 쌍둥이가 음악실로 내려왔다. 전화를 받고 절망한 첸 박사는 아무 일 없었다는 듯 슬며시 눈물을 훔치며 벌떡 일어났다.

"아무래도 연구소로 가야겠다. 거긴 자체 전력 시스템을 갖추고 있어서 전기 공급에는 문제없을 거야."

"영지 씨한테 연락 안 하고 가도 될까요?"

"엄마를 구하려면 컴퓨터 작동법을 최대한 빨리 알아내야 해."

첸 박사는 한시라도 빨리 방법을 찾아야 했다.

"가요, 엄마한테 무슨 일이 생기기 전에 어서요."

수인이 앞장섰다.

첸 박사는 바닥에 던져두었던 〈슈뢰딩거의 고양이〉 악보에 메모를 남겼다.

'수인, 제인과 함께 연구소에 다녀올게요.'

"근데 또 해도 돼요, 브레인 콘택트……?"

"걱정 마, 제인. 이제 너희 생체 데이터가 충분히 쌓여서 문제가 생기면 바로 조치할 수 있어. 위험할 일은 생기지 않을 거란다."

첸 박사는 확신에 찬 목소리로 쌍둥이를 안심시켰다. 첸 박사와 쌍둥이는 연구소로 가기 위해 터널로 들어갔다.

도대체 이곳은 어디고 첸 박사는 쌍둥이를 왜 여기에 데려왔을까? 더군다나 부리 마스크들이 은밀하게 드나들고 있지 않은가. 잭슨은 혼란스러웠다.

그때 휴대 전화 진동이 울리다 멈췄다. 통신 연결이 원활하지 않다는 알림이 떴다. 잭슨은 통신이 되는 곳을 찾아 반대쪽으로 걸었다. 얼마쯤 가자 오스틴 교수가 보낸 메시지가 도착했다.

- 병원 엘리베이터에 갇혔어. 비상 발전기에 문제가 생겨서 병원도 정전이야. 구조대가 곧 온다고 하는구나.

잭슨이 전화를 걸어 보았지만 연결이 되지 않았다. 잭슨은 아까 보았던 거리 상황을 떠올렸다. 어쩌면 이 박사가 만든 컴퓨터 때문에 런던을 대혼란에 빠뜨린 블랙아웃이 일어난 것은 아닐까?

만약 그런 거라면 첸 박사가 터널의 에너지 하베스터를 작동한 것이 정전의 원인일지도 모른다. 언젠가 이 박사는 잭슨에게 그런 말을 한 적이 있었다.

"누군가 엄청나게 큰 에너지를 사용할 수 있게 되어도 함부로 그걸 쓰면 안 돼. 우리가 살고 있는 세계는 그 엄청난 에너지를 감당할 수 있는 시스템이 아니거든. 안전장치가 필요해."

당시에 잭슨은 이 박사가 왜 그런 걱정을 하는지 이해할 수 없었다. 이 박사는 그 문제를 해결하려고 몇 날 며칠을 밤새워 가며 작업했었다. 잭슨은 이 박사가 분명히 안전장치를 마련했을 거라고 확신했다.

"아! 음악실에 있는 그 변압기? 직접 가서 확인해 봐야겠어."

전기 시스템이 마비된 런던은 암흑 속에 갇혔다. 런던의 랜드마크인 타워 브리지와 빅 벤의 조명도 꺼졌다. TV도 인터넷도 먹통이었다. 겁에 질린 사람들이 무슨 일인지 확인하려고 거리로 쏟아져 나왔다. 곳곳에서 경찰차와 소방차의 사이렌 소리가 쉴 새 없이 울려 퍼졌다.

마트와 식당에서는 결제가 되지 않아 실랑이가 벌어졌고, 영화관과 공연장에서는 관객들이 한데 뒤엉켜 대피했다. 영지 씨와 오스틴 교수도 멈춘 엘리베이터 안에서 구조대를 기다렸다.

교통 신호도 작동하지 않아 교차로마다 멈춰 선 차량들이 사방에서 경적을 울려 댔다. 일부 차량의 무리한 운행으로 접촉 사고가 나기도 하고 아예 길가에 차를 버려두고 가는 사람도 있었다.

운행이 멈춘 지하철에 갇힌 사람들은 휴대 전화 연결이 안 되자 테러가 아닌지 두려워했다.

공항에서도 관제탑 신호가 멈춰 비행기의 이착륙이 중단되었고 공항에서 대기하던 수천 명의 사람들은 불안에 떨며 불 꺼진 활주로를 바라보았다.

각국 정상들이 회의를 위해 모여 있던 컨벤션 센터 대회의장도 예외는 아니었다. 회의장이 정전되면서 각국 정상들을 수행하던 수행원들은 이리저리 뛰어다니며 안전 문제를 점검했다. 주최 측 안내 요원들이 확성기를 들고서 곧 컨벤션 센터 자체 발전 시스템이 가동될 것이니 차분히 질서를 지켜 달라고 외쳤지만 회의장은 아수라장이었다.

지상에서만 문제가 일어난 건 아니었다.

삐이! 삐삐!

달 궤도에서 '빗자루 프로젝트'를 수행하던 우주선의 비상벨이 요란하게 울렸다.

"시스템 제어 불능!"

메건 리 박사가 소리쳤다. 외부의 공격으로 우주선 시스템이 마비되었다. 누군가 우주선을 해킹한 것이었다.

시공간은 어떻게 만들어졌을까

0과

　많은 과학자가 공간의 모양에 관해 탐구하고 있어. 우주는 태초에 작은 점에서 태어났다고 해. 오랜 시간에 걸쳐서 점점 커졌고 지금도 커지고 있어. 마치 공기를 넣으면 풍선의 표면이 늘어나는 것처럼 말이야.

　우주는 얼마나 클까? 사실 우주의 크기를 우리가 직관적으로 느끼기는 어려워. 엄마가 있는 달까지의 거리 38만 킬로미터만 해도 지구 둘레를 열 바퀴 정도 도는 것만큼 먼 거리거든. 아주 빠른 우주선으로 가도 약 3일이 걸린단다. 그런데도 우리는 밤하늘에 뜬 달을 보면서 아주 가깝다고 느끼지.

　태양 다음으로 지구에서 가까운 별 프록시마 켄타우리는 약 4.2광년 떨어져 있고, 우리 지구의 이웃인 안드로메다은하도 약 250만 광년이나 떨어져 있단다. 1광년은 빛이 1년 동안 나아가는 거리(약 9조 4679억 킬로미터)를 뜻해. 빛이 지구에서 달까지 가는 데 겨우 1.3초쯤 걸리는데 가장 가까운 별이 4.2광년 거리면 약 40조 킬로미터 떨어져 있다는 것이니, 우주의 크기를 가늠하기란 참 어려운 일이란다.

　갑자기 태양계가 가깝게 느껴지지 않니? 빛이 태양에서 지구까지 오는 데에는 약 8분 걸린다니까 수성, 금성, 지구, 화성은 옹기종기 모여 있는 거나 다름없어.

 우리가 살고 있는 태양계는 어떻게 만들어졌을까? 천문학자들은 화성과 목성 사이에 있는 수많은 소행성과 태양계의 끝자락에서 들어온 혜성, 그리고 우주 공간에 둥둥 떠 있는 돌과 우주 먼지에서 중요한 단서를 발견했어. 아주 먼 옛날에 구름 같은 우주 먼지들이 다닥다닥 모여 있다가 서로 부딪치고 달라붙으면서 큰 물질이 되었다는 거야. 원자나 분자처럼 작은 것들이 서로 엉겨 붙으면서 눈덩이처럼 커지다니, 참 신비하지 않아?
 아, 또 궁금증이 더해지는구나. 그렇다면 태양계를 만드는 데 필요한 우주

먼지는 어디에서 왔을까? 아빠는 이 질문의 답변을 참 좋아한단다. 그 먼지의 상당 부분이 그보다 먼저 태어난 별에서 왔다는 거야. 우리가 살아가는 데 없어서는 안 될 산소, 탄소 같은 원소들은 너무 크고 복잡해서 단순히 부딪친다고 해서 만들어지지 않아.

  이 원소들은 수소로 가득 찬 뜨거운 별 내부에 엄청난 중력이 생기고, 그로 인해 압력이 어마어마하게 커지면서 원자들이 한데 뭉치며 생겨났어. 우리와 같은 생명을 구성하는 원소도 별이 품고 있던 수소에서 만들어진 거야. 금처럼 아주 무거운 금속은 별 안에서 만들어지는 게 아니라 별의 압력이 더 커지면서 마침내 폭발하는 순간에 탄생하거든. 그만큼 금이 생성되는 조건이 까다로워서 드물고 귀할 수밖에 없지. 모든 물질이 별에서 탄생했으니 우리 모두는 하나의 요람에서 태어난 거나 마찬가지 아닐까?

  물질이 형성되는 과정이 있듯이 시공간도 만들어지는 방식이 있을 거야. 어쩌

면 물질이 원자들로 만들어진 것처럼 시공간을 이루는 기본 원자 같은 게 있을지도 모르지.

가끔 머리 위로 내리쬐는 한낮의 태양을 보면서 경탄할 때가 있어. 태양의 표면은 대부분 수소로 이루어져 있어. 태양은 자기 몸을 태우면서 굉장한 빛을 내고 지구에 도착한 햇빛은 생명이 살아가는 데 필요한 모든 에너지를 제공하고 지구의 날씨나 기후를 만들지.

얼굴에 와 닿는 햇빛의 따사로움을 느끼고 있자니, 문득 이런 생각이 드네. 우주의 시공간도 모양이 있잖아. 시공간을 이루는 물질이 있다면, 그것을 태워서 에너지를 만들 수 있지 않을까?

1에게

위기에 빠진 엄마의 우주선

어떻게든 다른 방법을 찾아야 했다. 메건 리 박사는 충돌 예상 시간과 우주선의 위치를 꼼꼼히 확인하고는 눈을 감고 생각에 잠겼다. 대원들은 초조한 마음에 시스템 복구를 시도해 봤지만, 절망에 빠질 뿐이었다.

"데브리선*을 타고 우주선 밖으로 나가서 레이저로 막아 보자!"

마침내 메건 리 박사가 입을 열었다.

"네! 이대로 가만히 앉아 당할 순 없으니 한번 해 보죠!"

대원들은 서둘러 선외 우주복을 입었다. 이미 선외 우주복을 입고 있던 메건 리 박사는 배터리가 얼마 남지 않은 휴대 전화를 우주복 안쪽에 넣었다. 이 박사와의 유일한 연결 수단이었다. 메건 리 박사와 대원들은 데브리선 탑승 에어로크로 빠르게 이동했다.

*데브리선: 우주 쓰레기(데브리)를 수거하거나 제거하는 선외 활동을 위해 개발된 작은 우주선.

예상했던 폭발은 일어나지 않았다. 우주선은 무사했다. 본선과 부딪히기 직전 폐위성이 빠르게 궤도를 수정했기 때문이다. 폐위성은 별다른 피해를 주지 않고 멀어지고 있었다.

"이번에는 아예 진행 방향을 바꿨다고요."

"누군가 폐위성으로 장난을 치고 있어."

폐위성이 스스로 궤도를 바꿀 수는 없다. 수년 전 지구에서 달로 쏘아 보내 쓰임새를 다한 폐위성은 달 궤도를 돌다가 추락하는 게 수순이었다. 조금 전 폐위성의 움직임은 틀림없이 누군가 조종한 것이었다.

'누가, 왜 이런 일을 벌인 걸까?'

메건 리 박사는 머릿속이 복잡했다. 그러나 지금은 본선으로 돌아가 우주 관제소와 연락을 취하는 게 먼저였다.

"본선으로 돌아갑시다."

데브리선은 본선을 향해 천천히 방향을 돌렸다.

그때였다. 삐! 경고음이 요란하게 울렸다.

"전자기 폭풍입니다."

태양 흑점의 폭발에 따른 자기 폭풍이었다. 눈에 보이진 않지만 강력한 전자 반응이 발생해 전자 기기에 문제가 생기거나 인체에 방사능 피해까지 입을 수 있었다.

"돌아가기엔 시간이 부족해. 본선 차폐막 뒤로 붙어."

다행히 메건 리 박사와 대원들은 우주 미아가 될 뻔한 상황에서 벗어날 수 있었다. 하지만 아직은 살아 돌아갈 가능성이 매우 낮았다. 본선에서 마지막으로 관제소에 연락을 취했을 때 긴급 구조 신호를 보냈다. 관제소에서 본선의 위치는 파악할 수 있어도 데브리선의 위치는 알 수가 없다. 때문에 데브리선에서 구조 신호를 보낸다 하더라도 위치가 문제였다. 달의 뒤편에서는 지구와 통신이 어려웠다.

누군가 구해 주길 기다리거나 스스로 우주 쓰레기 섬을 벗어나야 했다. 하지만 둘 다 기적에 가까운 바람이었다. 대원들은 데브리선의 남은 산소량을 확인했다.

"지금 상태로는 최대 두 시간 정도 버틸 수 있어요."

메건 리도 두렵기는 마찬가지였지만 침착하게 말했다.

"가만히 기다리고만 있을 순 없겠지? 일단 다른 궤도선이 이쪽으로 지나갈 수도 있으니까 계속 긴급 구조 신호를 보내."

"메이데이! 메이데이!"

"각자 장비 상태 확인해 줘. 난 뒤쪽 엔진 상태 좀 보고 올게."

사실 메건 리 박사는 다른 궤도선이 지나갈 가능성이 거의 없다는 것을 알고 있었다. 메건 리 박사는 조종석에서 빠져나와 데브리선 뒤쪽으로 움직였다. 엔진 시스템은 완전히 꺼져 있었다. 다행인 건 레이저는 무사했다.

당신은 달의 뒷면을 볼 수 있겠네.

혹시라도 우주에서 예기치 않은 일이 생기면 이 비상 버튼을 눌러요.

지구에서는 항상 달의 한쪽 면만 보잖아.

꾹.

소수,
풀리지 않는 미스터리

0과

　아빠는 마트에서 우유를 살 때면 늘 너희 생각이 난단다. 우유 한 팩을 다 마시고는 수염처럼 입가에 하얀 자국을 묻힌 채 아빠를 보며 깔깔 웃던 너희 모습이 눈에 선하구나. 그 장난스럽고 사랑스러웠던 순간이 아빠는 너무나 그립단다. 참, 요즘도 영지 씨가 다 마신 우유 팩을 꼭 헹궈서 말린 다음에 분리수거함에 넣으라고 하는지 궁금하구나. 그건 정말 중요한 일이거든. 수거된 우유 팩은 재활용 공장에서 깨끗한 것만 골라내는데 우유가 남아 있으면 다른 우유 팩들도 오염되어 재활용할 수 없기 때문이지.

　수거된 우유 팩들은 주로 휴지로 재탄생한다는 거 알고 있니? 재활용 공장에서는 우유 팩에서 플라스틱, 필름, 잉크를 제거한 후 여러 번 세척해서 깨끗한

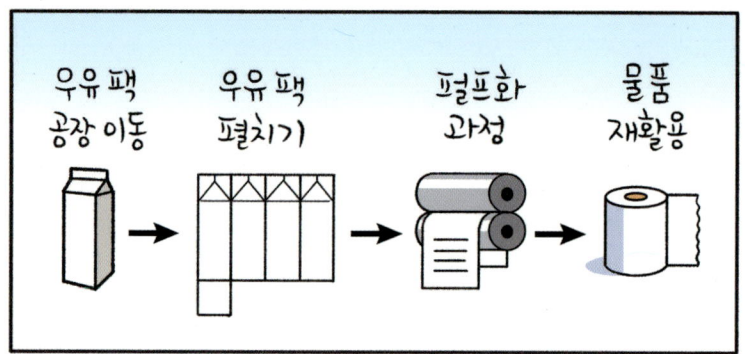

펄프로 만든단다. 그리고 물기를 제거하고 다시 압착해서 시트 형태로 만든 다음 건조를 하지. 그렇게 만든 펄프로 심지와 휴지를 만들어서 돌돌 말면 두루마리 휴지가 되는 거야.

우유 팩을 재활용해서 두루마리 휴지로 만든다는 것은 두 물건을 구성하는 원료가 같다는 뜻이지. 이렇듯 모든 물건은 기본적인 원료를 조립해서 만들어져. 물건뿐 아니라 고양이도 마찬가지란다. 원자가 합쳐져서 분자가 되고, 분자가 모여 단백질이 되고, 그 단백질이 또 다른 분자들과 합쳐져서 세포가 돼. 그 세포가 분열해서 바로 고양이가 되잖아. 정말 신비로운 과정이지?

수의 조립 과정도 그만큼 흥미롭단다. 수를 어떻게 조립하냐고? 자, 2와 3을 조립하면 6이 되고, 3과 7을 조립하면 21이 되고, 5와 5를 조립하면 25가 돼.

이런 수를 '합성수'라고 하는데 어떻게 조립했을까? 눈치챘겠지만 두 수를 곱한 거란다. 2개의 수를 곱하는 조립은 2개의 원자를 곱하는 것과 비슷한 과정이야.

$$2 \times 3 = 6$$
$$3 \times 7 = 21$$
$$5 \times 5 = 25$$

어? 2와 3을 더해서 5가 되는 덧셈도 조립 아니냐고? 수학자들도 그게 고민이었지. 그런데 자연의 원리를 골똘히 생각해 보면 조립은 곱셈이라는 결론에 도달하게 돼. 자세히 알려 줄 수 있지만 상당히 어려운 개념이라 정확하게 이해하기가 어려울 거야. 너희가 참을성을 좀 더 기르면 그때 얘기해 줄게.

우리가 두루마리 화장지나 고양이를 보고 무엇으로 조립했는지 단번에 알아내기는 어려워. 그런데 수는 그게 어떻게 조립된 건지 거꾸로 알아볼 방법이 있단다. 어떤 수의 곱으로 표현하는 건데 그걸 '수의 분해'라고 해.

$$100 = 10 \times 10 = 5 \times 2 \times 5 \times 2 = 5^2 \times 2^2$$

조금 더 큰 수를 분해해 볼까?

$$2310 = 210 \times 11 = 30 \times 7 \times 11 =$$
$$6 \times 5 \times 7 \times 11 = 2 \times 3 \times 5 \times 7 \times 11 \cdots$$

여러 가지 경우의 수가 있어. 아빠도 종종 큰 수를 분해하는데, 그럴 때마다 쉽지 않더라고. 수학자들은 수의 분해를 조금 더 자세히 공부하기 위해서 더 이상 분해되지 않는 자연수를 사용하기로 했어. 분해를 하다 보면 마지막까지 남는 수가 있거든. 예를 들어 2는 1 곱하기 2 외에 다른 자연수로 분해할 수 없어. 5도 1 곱하기 5 말고는 없지. 이렇게 1과 자기 자신 외에는 분해할 수 없는 수를 '소수'라고 해. 우리 몸을 이루는 물질 중에서 더 이상 쪼갤 수 없는 걸 원자라고 하잖아. 이 소수가 바로 자연수의 원자 같은 거야. 소수인 '19'를 다른 자연수로 분해하면 어떻게 되는지 한번 볼래?

$$19 \div 2 = 9 \cdots 1 \qquad 19 \div 5 = 3 \cdots 4$$
$$19 \div 3 = 6 \cdots 1 \qquad 19 \div 6 = 3 \cdots 1$$
$$19 \div 4 = 4 \cdots 3 \qquad 19 \div 7 = 2 \cdots 5$$

2, 3, 5, 7, 11, 13, 17, 19……. 소수는 무한히 많지. 어떤 수가 소수인지 확인해 보는 것은 기계적으로 할 수 있어. 그보다 더 작은 수로 한 번씩 나눠 보면 돼. 어떤 수로 나누어도 나머지가 있다면 소수야.

자, 그럼 300 이하의 소수를 찾아 볼까?

2, 3, 5, 7…… 73, 79, 89…… 103, 107, 109…….

우아! 이렇게 소수들이 계속 나오는구나. 그런데 말이야, 별 안에서 원자들이 서로 압축되면서 복잡한 원자를 만들잖아. 혹시 작은 소수로 큰 소수를 만드는 이상한 조립 과정이 있지 않을까? 모순 같지만 우리가 모르는 뭔가가 있을 것 같아서 말이야.

1에게

제 4 화

세상을 멸망시키는 컴퓨터

잭슨은 다시 오토바이를 타고 에너지 하베스터가 있는 지하 터널에 도착했다. 예상대로 에너지 하베스터가 작동하고 있었다. 잭슨은 재빨리 하베스터의 전원을 내렸다.

우아앙! 슈우우웅!

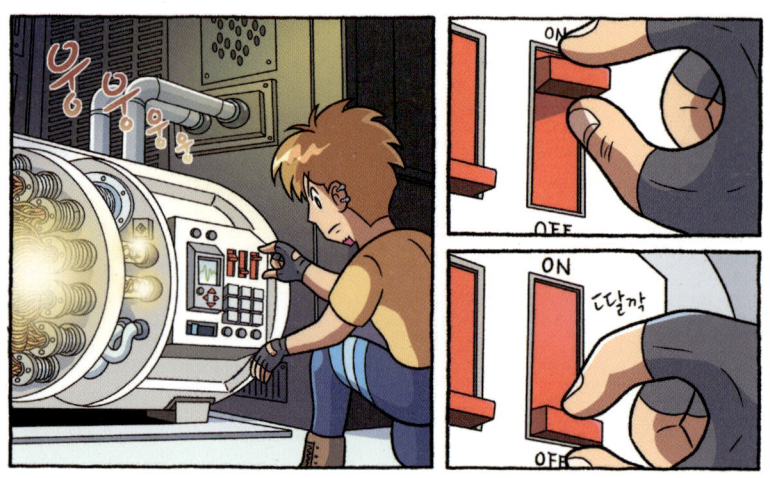

터널 전체가 부르르 떨듯 진동하더니 하베스터가 작동을 멈췄다. 잠시 후 터널 천장 전등에 불이 켜졌다. 휴대 전화를 확인하니 통신 신호가 잡혔다. 잭슨은 음악실로 걸어가며 오스틴 교수에게 전화를 걸었다.

"잭슨, 우린 안전해. 구조대원들이 빨리 와서 구해 줬단다. 정전 문제도 곧 해결될 것 같아."

"다행이에요. 영지 씨는요?"

"엑스레이를 찍었는데 다행히 뼈를 다치진 않았대. 지금 물리치료를 받고 있으니까 걱정 마. 어! 여기 불 들어온다. 이제 모든 게 정상으로 복구되려나 봐."

어느새 잭슨은 음악실로 들어섰다. 이곳도 불이 켜져 있었다.

"여기도 복구된 거 같아요."

"수인이랑 제인이는 괜찮니?"

잭슨은 책상 위 〈슈뢰딩거의 고양이〉 악보에 적힌 메모를 보고는 잠시 머뭇거리다가 말했다.

"……첸 박사가 연구소로 데려간 것 같아요."

"그래? 아! 영지 씨 나오는구나. 곧 집으로 가마."

잭슨의 예상대로 런던 시내 정전의 원인은 에너지 하베스터였다. 한 시간 동안의 혼란이었지만 수습하는 데는 그보다 몇 배의 시간이 걸렸다.

영국 총리는 최대한 빨리 전력망을 복구하기 위해 비상 대책 회의를 열어 대응책을 마련했다. 병원, 공항, 수도 시설, 통신 센터에서는 비상 발전기를 가동했고, 주요 교차로에는 경찰을 배치해 교통 혼잡을 해소했으며, 순찰을 강화해 범죄를 예방했다. 소방관들은 지하철이나 엘리베이터에 갇힌 사람들을 안전하게 구조했다. 몇 시간 뒤 방송과 인터넷이 복구되면서 정부는 블랙아웃의 원인을 찾아 재발 방지에 최선을 다하겠다는 속보를 내보냈다.

컨벤션 센터에서는 시간이 조금 늦춰지긴 했지만 각국 정상회의가 열렸다. 공포에 질린 사람들에게 안전하다는 것을 알리기 위해 각국 정상들이 예정대로 회의를 진행하기로 한 것이다.

챈 박사와 쌍둥이가 브레인 콘택트를 준비하는 사이 연구소에도 전기 공급이 정상화되었다. 챈 박사는 자신의 행동으로 인해 정전이 일어났을 것이라고는 짐작조차 하지 못했다.

세인이 먼저 브레인 콘택드를 하기로 했다.

"아빠의 컴퓨터로 모든 걸 해결할 수 있단다. 컴퓨터 작동법을 알면 엄마도 구하고 아빠도 찾을 수 있어. 그러니까 꼭 알아내야 해."

챈 박사는 같은 말을 몇 번이고 강조했다.

"작동법……. 작동법……."

제인이 혼자 중얼거렸다. 그 모습을 지켜보던 수인이 제인의 손을 잡았다. 시간이 얼마 없었다. 또다시 브레인 콘택트가 시작되었다.

제인이 처음 브레인 콘택트를 했을 때 가졌던 의문이었다. 기억의 나무를 지키는 것이 옳다고 믿었는데 그 결과가 이렇다면? 정말로 이쁘의 컴퓨터를 켜서 세상에 혼란을 불러온 것일까?

"선택하지 않았을 때는 멸망하는 세상과 번영하는 세상이 동시에 존재해."

딩가딩거는 마치 제인의 마음을 읽은 것처럼 말했다.

"이렇게 변한 것이 혹시……?"

제인은 혼란스럽고 불편했지만 알아야 했다.

"너희가 기억의 나무를 구했기 때문에 이 세계는 멸망했어."

딩가딩거의 목소리에는 원망이 담겨 있었다.

"말도 안 돼."

제인이 믿기지 않는 듯 중얼거리고는 이내 기어들어 가는 목소리로 변명했다.

"나는 아빠의 기억을 지키기 위해 최선을 다했을 뿐이야."

"누구도 알아서는 안 되는 에너지를 발견했고 결코 풀지 말아야 할 방정식을 풀었어. 그게 소리 컴퓨터를 만들어 낸 거야."

"소리 컴퓨터?"

제인은 음악실 컴퓨터를 켰을 때 윙윙대던 진동이 떠올랐다.

"지금 넌 그 컴퓨터를 사용했을 때 벌어질 미래를 보고 있는 거야."

"어떻게 컴퓨터로 세상을 이렇게 만들 수 있지?"

"네가 미로의 숲을 건너올 때 찾아낸 수. 세상은 그 수를 이용해 많은 것들을 지켜 왔어. 그런데 네가 그 수를 찾은 것처럼 소리 컴퓨터는 아주 빠른 속도로 소수를 찾아낼 수 있어."

"소수를 찾아내는 게 위험하다고?"

"사람들은 그 소수들로 만든 암호로 아주 중요한 정보를 지키고 있거든. 누군가 암호를 무력화할 수 있는 컴퓨터를 갖게 된다면 세계를 지키고 있는 시스템들이 무너질 거야. 세상이 어떤 혼란에 빠지게 될지 잘 지켜봐."

딩가딩거는 언덕 아래 펼쳐진 끔찍한 세상을 내려다보고 있었다. 제인도 그 모습을 바라보았다. 컴퓨터를 이용해 엄마를 구해야 한다는 말이 차마 입 밖으로 나오지 않았다.

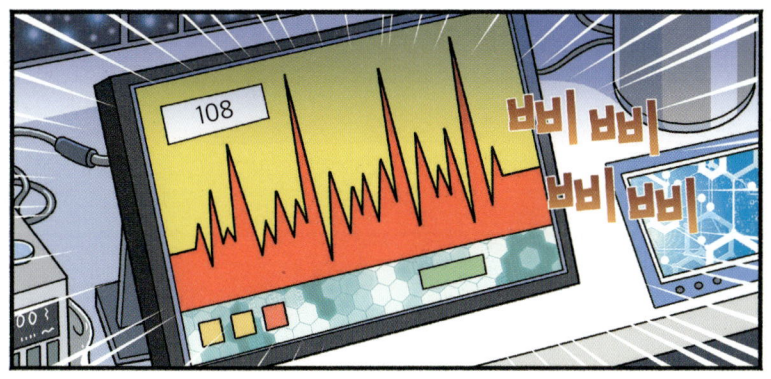

"당장 그만둬요!"

제인의 심장 박동이 경계 수치까지 치솟는 걸 보며 수인이 소리쳤다.

쾅쾅쾅! 유리창을 두드렸지만, 첸 박사는 멈추지 않았다.

아직 컴퓨터 자동범에 대한 정보를 얻지 못했다. 마지막 퍼즐을 찾을 때까지 조금만, 조금만 더! 첸 박사는 브레인 콘택트를 끝내 멈추길 망설였다.

"제발 그만요. 제가 할게요. 제가 알아낼게요!"

수인이 실험실 문을 열고 들어가며 절박하게 외쳤다.

첸 박사는 마지못해 브레인 콘택트를 종료했다. 제인의 심장 박동이 서서히 안정을 되찾았다.

"엄마 구하는 걸 포기하려고?"

첸 박사가 차갑게 말했다.

"첸 박사님, 박사님은 진심으로 우리를 돕고 있는 건가요?"

수인이 울먹이며 물었다.

"아니라면 어떻게 할 건데?"

첸 박사의 말에 수인의 심장이 쿵 내려앉았다. 순간, 연구실에 불편한 침묵이 가득 들어찼다.

"하아하아!"

제인이 숨을 가쁘게 내쉬며 깨어났다. 수인이 제인을 와락 끌어안았다.

"너 괜찮아?"

"수인아, 어떡하지?"

"왜? 어디 아파?"

"아빠가 우리에게 경고를 하고 있어."

제인의 눈에서 눈물이 주르륵 흘러내렸다.

"무슨 말이야? 무슨 경고를 했는데?"

"딩가딩거도 기억의 나무도 모두 사라졌어. 아빠의 세상이 멸망했어. 다 끝났다고."

제인은 수인의 어깨에 얼굴을 묻고 울음을 터뜨렸다. 수인이 어금니를 깨물며 첸 박사를 노려보았다.

"수인아, 여기서 멈춰야 할 것 같아."

"그래, 그만하자. 엄마도 아빠도 다 포기하자."

보고 있던 첸 박사가 못마땅한 듯 거칠게 기계의 전원을 끄며 말했다.

"아니요. 저는 포기 안 해요."

수인이 소리쳤다. 제인이 수인의 팔을 붙잡으며 고개를 저었다.

"제인, 아빠의 세상이 정말로 멸망했는지 나도 봐야겠어. 박사님, 제가 들어가서 컴퓨터 작동법을 알아낼게요."

제인이 훌쩍이며 수인을 말렸다.

"그러지 마, 수인아."

수인이 제인의 눈을 똑바로 바라보며 말했다.

"우리가 그런 상황에 처해 있다면 아빠 엄마는 절대로 포기하지 않았을 거야."

수인의 눈빛은 그 어느 때보다 결연했다. 제인은 주먹을 불끈 쥔 수인을 보며 울음을 멈췄다.

"아빠한테 엄마를 구해야 한다고 말하지 못했어. 엄마가 위험하다는 것을 알게 된다면 아빠의 생각이 바뀔지도 몰라."

"응. 내가 아빠를 꼭 설득할게."

소인수 분해로 이루어진 암호의 세계

> 0과

지난번에 아빠가 300 이하의 소수를 보여 주었잖아. 어떻게 찾았는지 궁금하지? 재미있는 방법을 알려 줄게. 먼저 아래에서 100 이하의 소수를 찾아 보렴.

1	2	3	4	5	6	7	8	9	10
11	12	13	14	15	16	17	18	19	20
21	22	23	24	25	26	27	28	29	30
31	32	33	34	35	36	37	38	39	40
41	42	43	44	45	46	47	48	49	50
51	52	53	54	55	56	57	58	59	60
61	62	63	64	65	66	67	68	69	70
71	72	73	74	75	76	77	78	79	80
81	82	83	84	85	86	87	88	89	90
91	92	93	94	95	96	97	98	99	100

자, 지금부터는 소수가 아닌 수를 지울 거야. 먼저 1은 보통 소수도 아니고 합성수도 아니라고 하니까 지워야지. 그다음으로는 소수를 제외한 합성수를 지울 거야. 2는 소수니까 남겨 두고 2의 배수를 모두 지워 보렴. 그런 다음 3도 소수니까 남겨 두고 3의 배수를 모두 지우는 거야. 이미 지운 것들은 그냥 건너뛰면 돼. 4는 이미 지운 합성수니까 건너뛰고 다음 소수인 5의 배수를 모두 지워 보자. 7, 11, 13……

~~1~~	2	3	~~4~~	5	~~6~~	7	~~8~~	~~9~~	~~10~~
11	~~12~~	13	~~14~~	~~15~~	~~16~~	17	~~18~~	19	~~20~~
~~21~~	~~22~~	23	~~24~~	~~25~~	~~26~~	~~27~~	~~28~~	29	~~30~~
31	~~32~~	~~33~~	~~34~~	~~35~~	~~36~~	37	~~38~~	~~39~~	~~40~~
41	~~42~~	43	~~44~~	~~45~~	~~46~~	47	~~48~~	~~49~~	~~50~~
~~51~~	~~52~~	53	~~54~~	~~55~~	~~56~~	~~57~~	~~58~~	59	~~60~~
61	~~62~~	~~63~~	~~64~~	~~65~~	~~66~~	67	~~68~~	~~69~~	~~70~~
71	~~72~~	73	~~74~~	~~75~~	~~76~~	~~77~~	~~78~~	79	~~80~~
~~81~~	~~82~~	83	~~84~~	~~85~~	~~86~~	~~87~~	~~88~~	89	~~90~~
~~91~~	~~92~~	~~93~~	~~94~~	~~95~~	~~96~~	97	~~98~~	~~99~~	~~100~~

어때? 확인할 숫자가 점점 줄어드는 게 보이지?

생각보다 찾기 쉽지? 소수들이 자연수의 원자라고 했잖아. 다시 말해 모든 수는 소수로 쪼갤 수 있다는 거야. 이것을 '소인수 분해'라고 해. 2310을 소수로 분해해 볼까? 작은 소수부터 나누어떨어지는 수로 조립하는 것과 같아.

$$2310 = 2 \times 3 \times 5 \times 7 \times 11$$
$$618 =$$
$$146261 =$$

146261은 나누어 떨어지는 소수를 찾기가 꽤 어렵지? 도대체 나눗셈을 몇 번이나 더 해야 할까? 정답을 미리 알려 줄게.

$$146261 = 37 \times 59 \times 67$$

앗, 이렇게 큰 수의 소인수 분해를 어떻게 했을까? 이런 수의 분해는 계산기를 써도 힘들어. 그렇다면 3141592를 소인수 분해하는 건 더 어렵겠지?

소인수 분해 계산기

소인수 분해할 숫자를 입력하세요:

3141592

7/70 소인수 분해
숫자 3141592
소인수 분해: $2^3 \times 392699$

$$3141592 = 2 \times 2 \times 2 \times 392699$$

인터넷에서 '소인수 분해 계산기'를 사용하면 금세 이런 결과가 나올 거야.

392699라는 소수는 처음이지? 아빠도 계산기가 아니었다면 소수라는 걸 몰랐을 거야. 아빠는 너희가 소인수 분해 계산기로 아주 큰 수를 분해해 보면서 새로운 소수를 찾아 보길 바라. 너희 둘이 자유롭게 수를 만들어서 여러 번 반복했을 때 과연 몇 개의 소수를 찾아낼 수 있을까? 두 가지만 생각해도 더 흥미로울 거야. 하나는 모든 짝수는 2의 배수니까 2를 제외한 짝수 소수는 없다는 거. 다른 하나는 홀수를 넣었을 때 홀수 소수가 얼마나 자주 나오느냐.

이쯤 되면 놀랍고 중요한 사실을 말해 줘야 겠다. 수가 굉장히 커지면 계산기로도 소인수 분해가 안 된다는 거야. 아직까지 아빠는 인터넷에서 100자리 이상의 수를 소인수 분해하는 계산기는 못 봤어.

세상에서 가장 성능이 좋은 컴퓨터로도 1000자리가 넘는 수를 넣으면 소인수 분해를 못 한단다. 그것은 나눗셈을 너무 여러 번 반복해야 하기 때문에 시간이 걸려서 결국 포기한다는 말이기도 해.

참 이상하지? 단순한 작업인 것 같은데 컴퓨터도 못 한다니. 그래서 사람들은 아주 큰 소수를 교묘하게 조립해서 암호를 만드는 데 활용한단다. 그건 어떻게 하는 걸까? 흠······.

1에게

제5화

아빠가 꿈꾸는 아름다운 세상

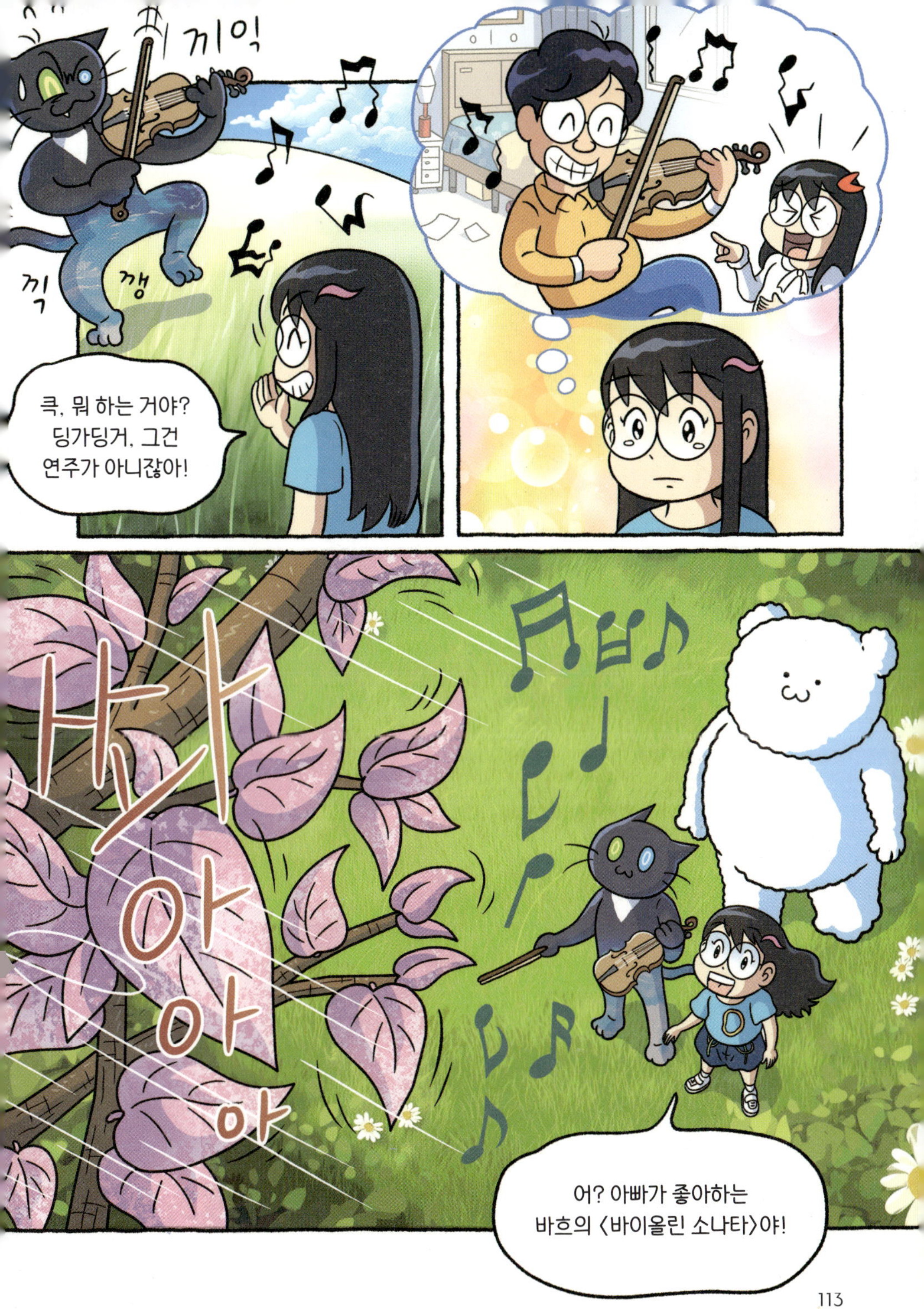
끼이!
끽
깽
크, 뭐 하는 거야? 딩가딩거, 그건 연주가 아니잖아!
바아아아아
어? 아빠가 좋아하는 바흐의 〈바이올린 소나타〉야!

"그 컴퓨터는 세상에서 가장 빨리 계산할 수 있어. 불평등, 차별, 전쟁, 식량 위기, 환경 오염, 기후 변화 같은 문제도 해결할 수 있어. 소외되는 사람이 따로 없는 평화로운 세상을 만들 수 있지. 이롭게 쓴다면 말이야."

딩가딩거는 마지막 말을 강조했다.

수인은 평화로운 세계를 내려다보고 있는 딩가딩거를 보며 제인이 한 말을 생각했다.

'딩가딩거도 기억의 나무도 모두 사라졌어. 아빠의 세상이 멸망했어. 다 끝났다고.'

"제인이 본 세상은 멸망했다고 했어. 나쁘게 쓰면 끔찍한 일이 벌어진다는 거지?"

수인은 아빠의 머릿속에서 딩가딩거들이 싸우는 이유를 비로소 이해할 수 있었다.

"왜 아빠가 제인과 나에게 저마다 다른 세계를 보여 주는지 알 것 같아."

"수학은 수학일 뿐이야. 아름답다거나 좋아 보이는 건 착각이었어. 인간의 욕심은 항상 도구를 무기로 바꿔 버리거든."

딩가딩거는 울분 섞인 말투로 말했다. 뒤돌아선 딩가딩거의 어깨가 가만히 들썩거렸다. 수인은 딩가딩거의 어깨를 가만히 토닥였다.

활강하던 곰곰이가 속도를 점점 늦추더니 빙그르르 하늘을 크게 한 바퀴 돌아 기억의 나무 언덕으로 내려섰다. 기억의 나무 아래에는 딩가딩거가 연주하던 바이올린이 놓여 있었다.

수인은 곰곰이의 어깨에서 폴짝 뛰어내려서는 바이올린 쪽으로 걸어갔다. 연주로 딩가딩거를 위로해 주고 싶었다.

"아름다운 수식은 잘 모르지만 아름다운 덧셈은 있어. 내가 직접 들려줄게."

수인이 활로 바이올린을 켜자 부드러운 선율이 흘러나왔다.

"아빠가 가장 좋아하는 곡이야."

섬세하고 감미로운 선율이 딩가딩거를 휘감았다.

"화음은 간단한 분수 관계의 음 두 개를 더해서 만드는 거야."

수인은 활을 살짝 기울여 두 개의 현을 동시에 스쳤다. 낮은 음이 깊게 깔리고 그 위로 높은 음이 떠다니듯 춤을 추었다. 잔잔하게 흐르던 선율은 점점 고조되더니 강렬한 트레몰로*로 번져 기억의 나무를 타고 솟구쳤다.

"하지만 좋은 멜로디가 꼭 완벽한 화음으로만 이루어지는 건 아니랬어."

그 속에는 귀를 찌르는 불협화음도 섞여 있었다. 곰곰이가 귀를 틀어막았다.

* 트레몰로: 음 또는 화음을 빨리 떨리는 듯이 되풀이하는 연주법.

딩가딩거가 나뭇가지에서 또 다른 바이올린을 꺼내 수인의 연주에 맞춰 활을 움직였다.

"자, 소리의 곱셈!"

그제야 두 개의 선율이 서로 얽히며 아름다운 소리가 물결처럼 퍼져 나갔다. 두 개의 소리를 연결하는 곡면이 주변을 감싸며 마침내 곡의 피날레를 장식했다. 연주를 마친 수인이 호흡을 가다듬으며 말했다.

"그러니까 걱정하지 마. 수많은 갈등 속에서 진지하게 고민하고 탐구하면 마침내 신기할 정도로 조화로운 세상이 되거든. 이 연주처럼 말이야."

어느새 작아진 곰곰이가 두 팔을 들어 바이올린 켜는 흉내를 냈다. 연주를 더 듣고 싶은 모양이었다.

그런 곰곰이를 보던 수인의 표정이 순식간에 어두워졌다. 중요한 임무를 잊고 있었기 때문이다. 웃고 있을 때가 아니었다.

"딩가딩거, 지금 엄마가 위험해. 엄마를 구할 수 있게 도와줘. 아빠도 엄마가 위험에 빠진 상황을 안다면 가만히 보고만 있지는 않을 거야. 엄마를 도우려면 아빠의 컴퓨터를 작동해야 해. 어떻게 하면 되는지 제발 알려 줘."

수인의 부탁에 딩가딩거는 가만히 눈을 감았다. 깊은 고민에 빠진 듯 인상을 쓰다가 표정이 바뀌었다.

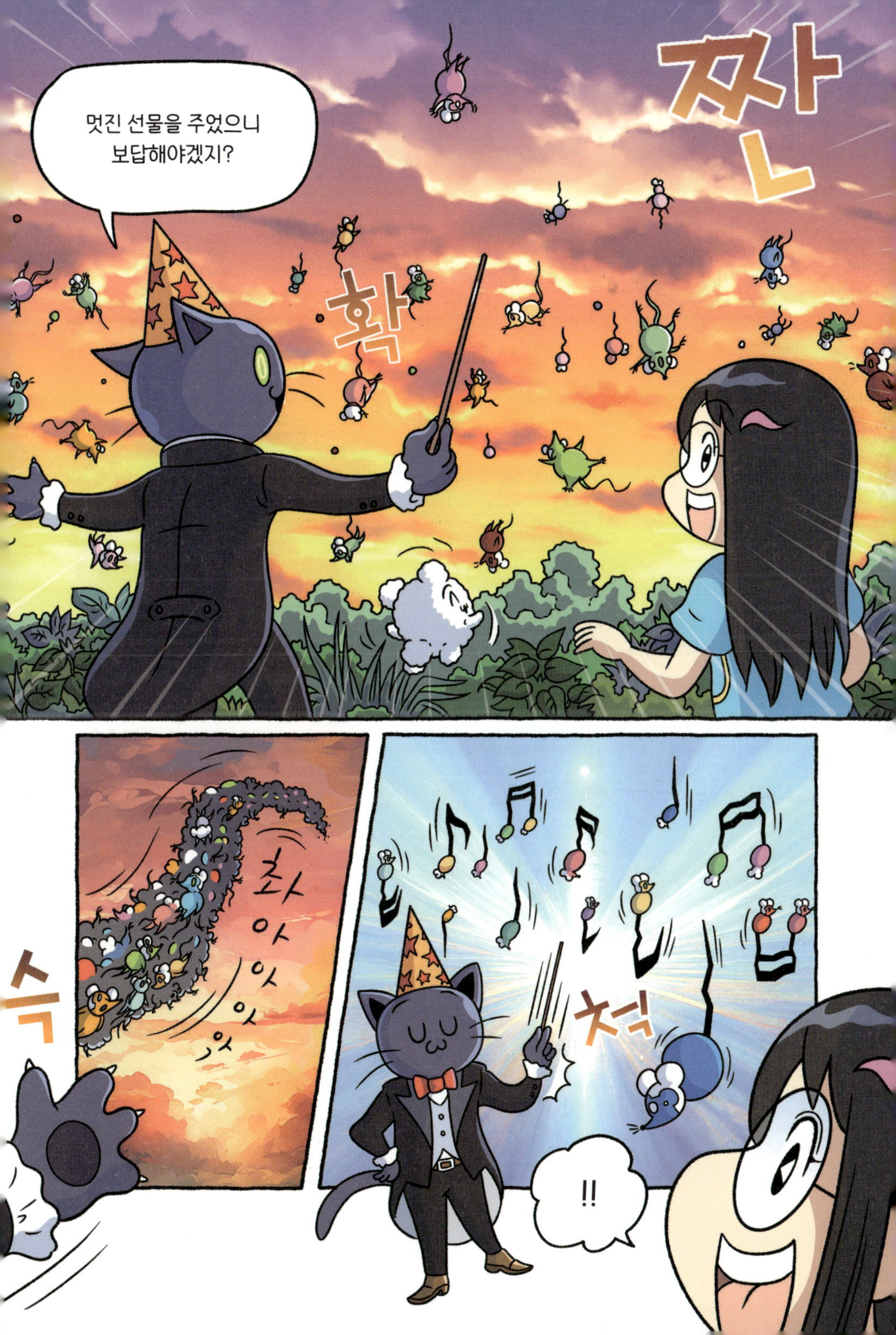
멋진 선물을 주었으니
보답해야겠지?
짜
ㄴ
확
촤
아
아
아
앙
슥
척
!!

브레인 콘택트에서 깨어난 수인이 중얼거렸다.

"악보……. 악보예요!"

"악보?"

첸 박사는 이 박사의 지하 음악실에서 본 〈슈뢰딩거의 고양이〉 악보가 떠올랐다. 동시에 머릿속에 반짝 불이 켜졌다.

"그래! 악보를 통해 데이터를 입력하는 거였어."

마침내 작동법을 알아낸 기쁨에 겨운 첸 박사는 오른팔을 번쩍 들어 올리며 주먹을 불끈 쥐었다. 그렇다면 어딘가에 악보를 만드는 프로그램이 있다는 거다. 0과 1로 된 데이터를 음으로 바꾸고 소리의 중첩을 이용한다면? 소리 컴퓨터는 양자 컴퓨터처럼 작동한다.

"서두르자. 빨리 가서 엄마를 구해야지. 시간이 없어!"

첸 박사는 그 어느 때보다 빠른 속도로 브레인 콘택트 장비를 정리했다. 그러고는 쌍둥이가 따라오는지 확인도 하지 않고 혼자 전차를 향해 달려갔다.

"너는 나랑 다른 세계를 봤구나?"

제인이 불안한 시선으로 수인을 바라보았다.

"아빠는 세상을 멸망시킬 수도 있지만 세상을 구할 수도 있는 컴퓨터를 만들었어. 어떻게 쓰는가에 따라 세상을 좋게 만들 수도 있다는 거야."

"첸 박사님이 아빠의 컴퓨터를 어떻게 사용할지 모르잖아."
"그러니까 우리가 잘 감시해야지!"

수인이 제인의 손을 붙잡고 뛰기 시작했다.

첸 박사는 벌써 전차의 시동을 걸어 두고 초조하게 수인과 제인을 기다리고 있었다. 전차는 쌍둥이가 올라타자마자 출발해 평소보다 훨씬 빠른 속도로 달렸다. 첸 박사는 지하 터널 입구에 도착하자마자 부리나케 음악실로 달려갔다. 아이들도 그 뒤를 따라 들어갔다.

음악실에는 잭슨이 기다리고 있었다.

"잭슨! 영지 씨는요?"

쌍둥이가 동시에 물었다.

"치료 잘 받고 지금 집으로 오고 계셔. 너희는 괜찮니?"

그 사이, 첸 박사는 천장의 금속 판이 꺼진 것을 확인하고는 벌컥 화를 냈다.

"에너지 하베스터 전원은 왜 끈 거야?"

"그거 때문에 정전이……."

잭슨의 대답을 듣지도 않고 첸 박사는 씩씩거리며 반대편 터널로 달려갔다. 제인이 걱정스레 물었다.

"역시 아빠의 컴퓨터 때문에 정전이 일어났던 거죠?"

잭슨이 고개를 끄덕였다.

"너희 표정을 보니까 작동법을 알아냈구나?"

"악보요. 하지만 악보로 뭘 어떻게 하는 건지는 아직 몰라요."

제인은 첸 박사가 들어간 터널을 바라보며 걱정스레 물었다.

"또 정전이 일어나면 어떡하죠?"

"걱정 마. 여기 안전장치가 있어."

잭슨은 음악실 바닥에 있는 변압기를 찾아 전원 버튼을 눌렀다.

잠시 후 음악실 전체가 진동하면서 바닥의 회로와 천장의 금속 판에 불이 켜졌다. 첸 박사가 다시 에너지 하베스터의 전원을 켠 것이다.

수인은 책상 위에 놓인 〈슈뢰딩거의 고양이〉 악보를 유심히 살펴보았다. 아빠의 머릿속에서 본 악보와 어쩐지 비슷했다. 악보는 모두 세 장이었다. 나란히 놓고 보니 세 악보의 진행이 동일했다. 같은 곡의 화음을 분리해 놓은 것이었다.

"소리의 덧셈과 곱셈!"

수인은 브레인 콘택트에서 보았던 장면을 떠올렸다. 잭슨이 다가가 수인이 보고 있는 악보 한 장을 집어 들었다.

그 순간 터널에서 헐레벌떡 뛰어나온 첸 박사가 잭슨의 손에서 악보를 낚아챘다.

"더 이상 끼어들지 말라고 했을 텐데?"

첸 박사의 목소리에는 가시가 돋쳐 있었다.

"저도 돕고 싶어서요."

잭슨은 당당했다.

"도움은 필요 없네."

"아뇨, 필요할 겁니다. 그 악보, 제가 만들었거든요."

첸 박사가 화들짝 놀라더니 금세 표정을 싹 바꿨다.

"자네가 이 악보를 만들었다고? 어떻게?"

"이 박사님이 0과 1로 된 데이터를 음으로 바꾸는 프로그램을 연구했어요. 단순히 정보를 소리로 바꾸는 건 어렵지 않았지만 막상 들어 보면 음악이 아니었죠. 박사님이 저한테 부탁한 건 그 음들을 잘 어우러지는 화음으로 만들어 하나의 완성된 곡이 될 수 있게 코드를 짜 달라는 거였어요. 그렇게 처음 만든 악보가 〈슈뢰딩거의 고양이〉입니다."

잭슨이 음악실 한가운데 있는 사운드 콘솔* 앞에 앉았다.

잭슨은 모니터 앞에 있는 볼륨 조절 장치를 가리키며 말했다.

"그 프로그램을 작동시키려면 암호를 풀어야 해요. 암호를 여러 번 보긴 했는데 딱히 외울 생각은 해 본 적이 없어요."

여섯 개의 볼륨 조절 장치에는 1부터 19까지 숫자가 적혀 있었다. 제인과 수인은 그 숫자들을 보았다.

"원래 볼륨 장치는 0을 기준으로 플러스, 마이너스로 조절하는데 이건 1부터 시작해요. 볼륨 장치가 아니라는 거죠."

첸 박사는 눈썹을 잔뜩 찌푸리며 잭슨을 노려보았다. 여전히 그를 믿지 않는 듯했다.

그때 수인이 첸 박사가 메모를 남겨 둔 〈슈뢰딩거의 고양이〉 악보 표지에 'No.149226'이라고 적힌 것을 발견했다.

"잭슨, 이게 처음 만든 악보라고 했죠? 그렇다면 이 숫자는 뭘까요?"

첸 박사가 재빨리 볼륨 조절 장치를 악보 표지에 적힌 여섯 자릿수 1, 4, 9, 2, 2, 6에 맞췄다. 그러나 아무런 변화가 없었다.

• 사운드 콘솔: 여러 음향 신호를 섞고 조절하여 듣기 좋은 소리로 만들어 주는 장치.

"아빠가 숫자를 의미 없이 적어 두었을 리가 없는데……."

제인이 볼륨 조절 장치에 적힌 숫자를 유심히 보았다.

"맞아. 그랬다면 19까지 있을 필요가 없잖아. 19? 아빠의 머 릿속에서 숫자 나무의 숲을 빠져나올 때 소수를 찾아야 했거 든. 19는 소수잖아. 무슨 연관이 있을까?"

제인의 말을 들은 수인이 눈을 반짝거렸다.

"암호를 푸는 방법, 소인수 분해야! 잭슨, 소인수 분해 계산 기 켜 줄 수 있어요? 아빠가 큰 수를 소인수 분해할 때는 계산 기를 써 보라고 했어요."

잭슨이 휴대 전화로 소인수 분해 계산기를 검색해 수인의 말 대로 '149226'을 입력했다.

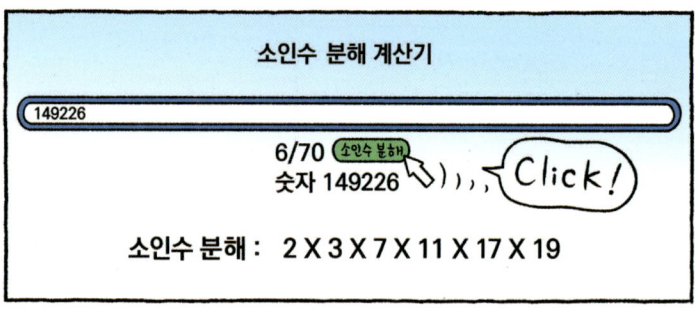

"여섯 개의 소수로 이루어진 합성수였어!"

수인이 볼륨 조절 장치를 2, 3, 7, 11, 17, 19에 맞췄다. 그 순 간 모니터가 켜지면서 화면에 고양이 얼굴이 나타났다.

"야옹! 나는 유니캣입니다. 이 박사님, 부르셨나요?"

수인과 제인은 깜짝 놀라 한 걸음 물러섰다. 잭슨이 자연스럽게 말했다.

"오랜만이야, 유니캣! 내가 불렀어."

"야옹! 잭슨, 논문 준비는 잘돼 가요?"

잭슨과 유니캣은 친한 친구처럼 대화를 이어 갔다.

"인공 지능 챗봇인가?"

첸 박사가 잭슨에게 물었다.

"정확하게 말하면 자연어 기반의 생성형 인공 지능이라고 할 수 있죠!"

유니캣이 대답했다.

규칙과 패턴을 만드는 수의 곱셈

0과

얘들아, 아빠가 방금 상당히 중요한 발견을 한 거 같아. 예전부터 이런 게 있을 수 있다고 추정했지만 확인하고 나니 정말 신나지 뭐야. 드디어 '음의 곱셈'에 대해 알아냈거든.

음의 덧셈 기억하니? 2개의 음이 중첩될 때 두 음의 주파수 사이 비율이 간단하면 듣기 좋은 화음이 된다고 했잖아. 주파수가 2헤르츠(Hz)인 음과 주파수가 3헤르츠인 음을 더하면 비율이 $\frac{3}{2}$인 5도 화음이 생겨. 아, 수인이가 물었었지? 2와 3을 더하면 5가 되듯이 음을 더하면 5헤르츠의 주파수가 되지 않냐고? 음의 덧셈은 주파수의 덧셈과는 다른 건데 조금 헷갈렸겠다.

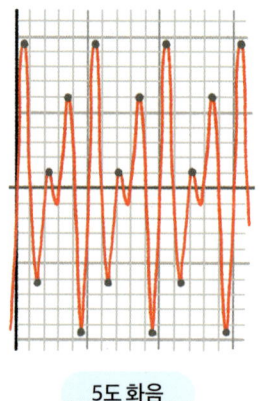

5도 화음

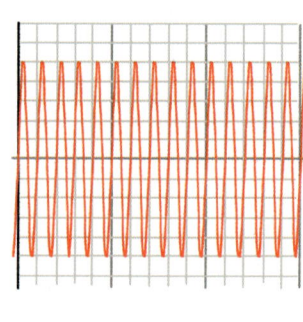

5헤르츠 주파수

음의 덧셈이 다른 이유는 2개의 음이 각각 우리 고막에 가해지는 공기 압력의 변화 때문이야. 고막을 울리는 압력이 합쳐지면서 새로운 소리를 만들어 내거든.

그렇다면 음의 곱셈은 어떻게 할까? 아, 이것도 2 곱하기 3은 6이라는 수의 곱셈과 헷갈리겠네. 새롭게 '음의 엮음'이라고 부를게. 이 곱셈은 어떤 소리에도 적용할 수 있어. 특정한 주파수를 가진 음이 아니라도 엮을 수 있다는 뜻이야. 음 X와 음 Y의 엮음은 X⊗Y라고 쓸게. 이걸 그림으로 그리면 음 2개가 묶인 모습이라고 할 수 있겠지.

2개의 음을 엮으면 새로운 복합음이 생기는데, 말하자면 원자 2개를 조립하면 분자가 되는 것과 비슷해. 처음에 음의 곱셈이라고 생각했던 건, 수의 곱셈을 이렇게 표현할 수도 있기 때문이야. 2와 3을 곱하면 두 수의 연결선 개수인 6이 되거든. 음 2개가 엮인 것과 어쩐지 비슷하지?

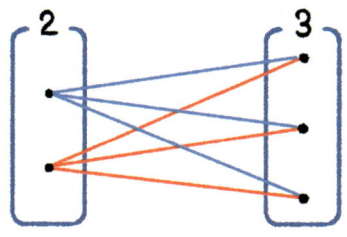

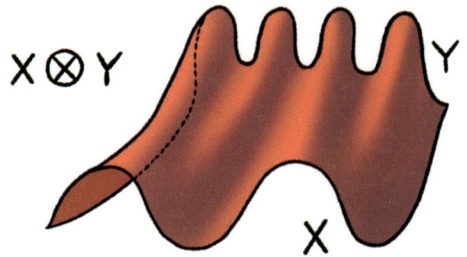

　이렇게 엮인 음을 들을 때의 효과는 말로 표현하기 어려운데, 일종의 2차원 소리라고나 할까? 각각의 파동인 음을 엮으면 마치 두 파동을 연속적으로 연결하는 곡면이 생기는 거 같아.

　솔직히 그동안 음의 엮음이라는 것에 푹 빠져 있었던 건 그것이 무엇인지 잘 몰랐기 때문이야. 그런데 조금 전에 음의 엮음이 가진 중요한 성질을 알아냈어. 그 성질이 곱셈과 비슷하다는 것도.

$$(X+Y) \otimes Z = X \otimes Z + Y \otimes Z$$

　음 X와 음 Y를 먼저 더한 다음 그걸 음 Z와 엮으면, 음 X와 음 Y를 엮고 Y와 Z도 엮어 합친 것과 같은 소리가 나. 그러니까 소리에도 일종의 배분 법칙이 성립하는 거야.

$$19 \times 7 = (10 \times 7) + (9 \times 7) = 70 + 63 = 133$$

　19 곱하기 7처럼 큰 수를 곱할 때 19를 10과 9로 나눠서 각각 7을 곱한 다

음 더하면 조금 더 쉽게 계산할 수 있는데, 이게 곱셈의 성질이거든. 더군다나 이런 식으로 음을 계속 엮어 나갈 수도 있더라. 그러면 이상하게 점점 더 출렁거리는 효과가 나타나. 다음에 너희를 만나면 이걸 가장 먼저 들려주고 싶어. 아빠는 이런 자연 현상이 있다는 게 믿기지 않을 만큼 신기하단다.

$$A \otimes B \otimes C, \ A \otimes B \otimes C \otimes D,$$
$$A \otimes B \otimes C \otimes D \otimes E \cdots$$

이뿐만이 아니야. 아빠가 이토록 흥분한 이유가 하나 더 있어. 음을 자꾸 엮어서 점점 큰 수를 표현할 수 있거든. 만약 440헤르츠가 숫자 0을, 441헤르츠가 숫자 1을 의미하는 암호를 만든다고 해 봐.

$$441 \otimes 440 \otimes 441 \otimes 441 \otimes 440 - 10110 \text{ (이진수)}$$
$$1 \times 2^4 + 0 \times 2^3 + 1 \times 2^2 + 1 \times 2^1 + 0 \times 2^0 = 22$$

즉, 음의 엮음을 이용하면 간단한 음 '0(440Hz)'과 '1(441Hz)'만으로 모든 수를 표현할 수 있어. 그걸로 2차원 음악 암호를 만들 수도 있겠지? 왠지 큰일이 일어날 것 같구나.

제6화

우주 쓰레기 섬에 갇히다

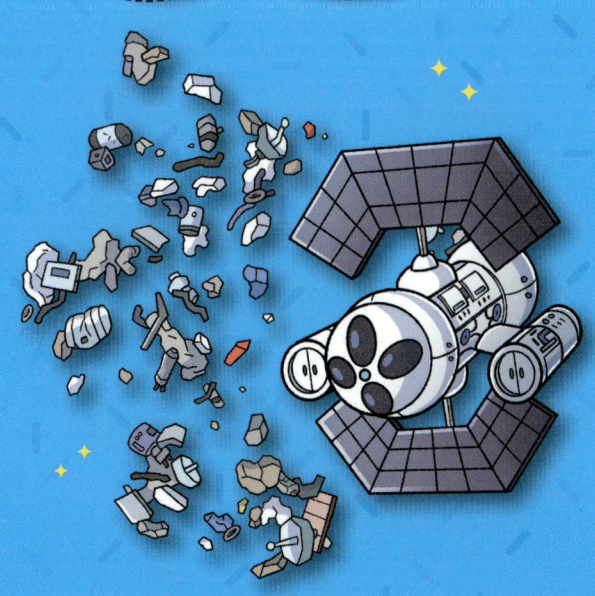

첸 박사와 유니캣이 대화하는 사이 잭슨은 다시 악보를 유심히 살펴보았다.

"나는 박사님이 이 악보로 무엇을 하려던 건지는 몰랐어. 그저 음악을 좋아하시니까 새로운 스타일의 작곡을 시도하는 거라고만 생각했지."

그때 수인의 머릿속에 브레인 콘택트에서 보았던 장면이 스쳐 지나갔다.

"잠깐만요! 혹시 제가 연주하는 거 녹음할 수 있어요?"

수인이 잭슨에게 묻자 유니캣이 먼저 대답했다.

"물론이죠. 언제든 녹음 가능합니다."

수인이 벽에 걸린 바이올린을 꺼내 악보 첫 장을 연주했다. 모두가 숨죽여 수인의 연주에 귀를 기울였다. 곧이어 두 번째 장도 연주했다. 수인은 세 번째 장까지 집중했다. 유니캣은 요청대로 장별로 따로 녹음을 했다.

"그다음에는? 그다음에는 뭘 해야 하지?"

첸 박사가 두리번거리며 음악실을 분주하게 왔다 갔다 했다.

"유니캣! 녹음한 소리를 더해서 화음을 만들어 줄 수 있어?"

"물론이죠!"

대답과 동시에 스피커에서 아름다운 음악이 흘러나왔다. 수인이 브레인 콘택트를 했을 때 연주했던 바로 그 음악이었다.

소리와 소리가 만나 새로운 음을 만들어 냈다. 화음으로 어우러진 현악 3중주의 멋진 선율이 스피커에서 흘러나왔다. 스피커들은 서로의 소리를 받아 소리의 파동을 증폭시켰고 그 소리가 꼬리에 꼬리를 물고 양쪽 터널로 빨려 들어갔다. 발바닥으로 전해지는 진동에 수인과 제인의 몸이 들썩였다. 가슴이 웅장해지는 순간이었다.

 한쪽 터널로 빨려 들어갔던 소리가 반대편 터널에서 흘러나왔다. 긴 터널을 돌고 돌아온 소리가 천장 연결 통로를 관통하자 금속 판들이 진동하며 훨씬 강하게 빛났다. 모두가 넋을 잃고 천장을 바라보는데 이번에는 바닥의 회로가 음악에 맞춰 춤추듯 돌아가기 시작했다.
 마침내 컴퓨터가 작동한 것이다.
 "'소리의 중첩'을 이용해 양자 컴퓨터를 만들었어! 어떻게 이런 일이 가능하지?"
 첸 박사는 이민형 박사의 능력에 좌절감이나 질투를 넘어선 경이로움을 느꼈다.
 "어? 아, 아빠다!"
 제인이 콘솔 모니터에 뜬 영상을 보고 놀라 소리쳤다. 화면에 나타난 건 창밖을 내다보는 아빠의 뒷모습이었다. 선명한 영상은 아니었지만, 윤곽만으로도 아빠라는 걸 한눈에 알 수 있었다. 아빠가 바라보는 곳에 갑자기 딩가딩거가 나타났다. 딩가딩거는 생쥐를 따라 거리에 버려진 상자 속으로 들어갔다. 아빠가 사라진 날 누군가에게 받은 '10분 후 미래' 영상이었다.

"안 돼!!"

수인과 제인은 자동차가 상자로 돌진하는 장면을 차마 볼 수 없어 서로를 껴안았다. 첸 박사와 잭슨은 이 박사가 죽은 딩가딩거를 보는 장면을 지켜보았다.

"죽었어요?"

수인이 눈을 꼭 감은 채 물었다. 아무도 대답하지 않았다.

야아오옹. 그때 계단 위에서 진짜 고양이 울음소리가 들려왔다.

수인과 제인은 어깨를 잔뜩 움츠린 채 조심스레 고개를 들었다.

딩가딩거가 계단 위에서 내려다보고 있었다.

"딩가딩거! 무사해서 다행이야."

수인과 제인이 계단 위로 뛰어 올라가자 잭슨이 작게 속삭였다.

"유니캣, 영상 꺼 줘."

"저 악보는 미래를 예측하는 악보였어. 저 악보를 어떻게 만든 거지? 그 많은 정보를 어디서 얻었을까?"

첸 박사는 떨리는 목소리를 감추려고 애를 썼다.

연구자들이라면 누구나 불가능하다고 여겼던 일을 이 박사가 해낸 것이었다. 울컥하는 마음을 감출 수가 없었다.

"필요한 정보는 제가 수집해 드려요, 첸 박사님."

유니캣이 밝은 목소리로 대답하자 잭슨이 끼어들었다.

"먼저 메건 리 박사부터 구합시다. 문제는 메건 리 박사가 지금 어떤 상황인지 알 수 없다는 건데……."

"유니캣, 엄마의 휴대 전화에는 엄마 우주선의 위치를 추적하는 프로그램이 깔려 있다고 했어. 혹시 엄마 휴대 전화를 추적할 수 있어?"

"그럼요. 제가 만든 프로그램인걸요."

수인의 요청에 유니캣은 전 세계 네트워크와 지구 위성 그리고 달 궤도의 위성 정보를 순식간에 검색해서 메건 리 박사와 관련된 데이터를 모았다. 첸 박사는 입을 다물 수가 없었다.

'모든 네트워크의 방화벽을 자유롭게 넘나들면서 정보를 모으고 있어. 컴퓨터가 저렇게 빠른 속도로 작업하려면 전기가 엄청나게 필요할 텐데!'

"메건 리 박사님이 한 시간 전쯤 SOS를 보냈습니다. 현재 박사님이 탄 우주선은 강력한 우주 폭풍에 휘말려 복구 불능한 상태로 궤도를 돌고 있습니다. 우주선 내부에서 생체 신호가 전혀 잡히지 않습니다."

"아아, 엄마!!"

유니캣의 말을 들은 수인과 제인은 동시에 울음을 터뜨렸다.
"왜 그래? 무슨 일이니?"
그 소리에 놀란 영지 씨가 깁스를 한 다리를 절룩거리며 계단을 내려왔다. 그때였다.
"아! 메건 리 박사님과 동료들이 데브리선을 타고 선외로 탈출한 것으로 보입니다."
유니캣이 데브리선에 탑승한 사람들이 찍힌 CCTV 영상을 화면에 띄웠다. 화질이 선명하지는 않았다.
"본선 카메라에 찍힌 데브리선의 마지막 영상입니다."
이어서 유니캣은 본선에서 멀어져 가는 데브리선의 모습을 보여 주었다. 데브리선 뒤로 우주 쓰레기 섬의 모습이 희미하게 찍혀 있었다.

"메건 리 박사님은 데브리선으로 탈출해서 우주 쓰레기 섬에 표류 중입니다. 지금 메건 리 박사님의 위치는 달의 뒤편 라그랑주 2포인트로 잡히네요."

유니캣은 설명과 동시에 메건 리 박사의 위치를 그래픽으로 띄웠다.

"다행이구나. 다행이야. 아직 무사한 거 같다."

첸 박사가 진심으로 안도했다. 내내 숨죽이고 있던 잭슨도 안도의 한숨을 내쉬었다. 수인과 제인은 영지 씨를 부축해 모니터 앞으로 다가갔다. 제인은 울음을 멈추지 못했다.

"엄마가 저기 있다는 거죠?"

"유니캣! 데브리선의 상태는 어때?"

"달의 뒤편에 있는 데다 우주 폭풍 때문에 마지막으로 송출한 데이터가 지구에 전부 다 송신되지는 않았습니다."

유니캣의 설명을 주의 깊게 듣던 첸 박사는 상황을 조금 더 자세히 파악하기 위해 적극적으로 질문했다.

"마지막으로 확인된 핵심 장치들의 상태는?"

"부분적으로 수신된 데이터를 분석하면 엔진은 모두 불능 상태이고, 자세 제어 노즐 여덟 개 중 세 개가 미작동 상태, 잔여 전력은 22퍼센트로 확인됩니다."

"남은 산소로 얼마나 버틸 수 있을까?"

첸 박사가 조심스럽게 물었다.

"마지막 데이터를 전송했을 때의 산소량을 토대로 예측해 보면 앞으로 버틸 수 있는 시간은 38분입니다."

"38분?"

영지 씨는 무슨 얘기인지 하나도 알아들을 수가 없었다.

"누구랑 얘기하는 겁니까? 이게 우리가 찾던 컴퓨터인가요?"

잭슨이 영지 씨를 보며 고개를 끄덕였다.

"저기, 내 말도 들려요?"

영지 씨가 모니터에 대고 소리쳤다. 그러자 화면에 영지 씨의 발목 엑스레이 사진이 나타났다. 방금 병원에서 촬영한 것이었다.

"야옹! 영지 씨, 발목 통증은 어떤가요? 오른쪽 발목의 부종이 심하니 얼음찜질을 해 주면 부기가 가라앉을 겁니다. 주무실 때 발목을 심장보다 높게 올려 두면 부기가 좀 더 빨리 빠질 거예요."

유니캣이 영지 씨의 상태를 설명했다.

"아이고, 세상에!"

영지 씨가 의자에 털썩 주저앉았다.

"병원에서 의사가 설명해 준 말이랑 똑같아. 이렇게 내 상태를 잘 알고 있다니, 메건에 대한 얘기도 사실이겠지? 우리 메건 어쩜 좋으니?"

영지 씨는 걱정스럽게 바라보는 수인을 꼭 끌어안았다.

그러나 수인은 실망 대신 희망을 품었다.

"유니캣, 엄마랑 연락할 수 있어? 엄마의 SOS를 받았다며?"

"달의 뒤편에서는 지구와 직접 통신할 수 없습니다."

유니캣의 대답에 제인의 눈에 눈물이 그렁그렁했다. 유니캣은 설명을 이어 갔다.

"그래서 메건 리 박사님의 예상 위치를 추정한 다음, 과거 달의 뒷면 탐사 미션을 위해 중국에서 운영했던 오작교 통신 위성의 비상 프로토콜을 활성화해서 SOS 신호를 수신했어요. 현재 데브리선과 위성 사이에 장애물이 많아서 전파 수신율이 떨어지지만 짧은 메시지 송수신은 가능합니다."

데브리선에는 절망과 죽음의 공포만 가득했다.
모두 기도하듯 눈을 감았다.

지지잉 지잉.

메건 리 박사의 휴대 전화 진동이 적막을 깨뜨렸다.

"뭐, 뭐지?"

놀라서 벌떡 몸을 일으키자 동료들도 눈을 떴다.

"메시지가 왔어."

모두가 숨을 죽였다.

어디서 보내온 메시지일까? 하지만 일분일초가 급했다. 누구의 도움이든 일단 받아야 했다. 메건 리 박사는 현재 위치와 상황, 주변에 보이는 우주 쓰레기 섬의 정보를 최대한 모아 메시지를 입력했다. 떨리는 손으로 전송 버튼을 눌렀다.

"여기서는 지구와 통신이 안 되잖아요."

"그래, 하지만 메시지가 왔다는 건 아직 우리가 지구와 연결되어 있다는 뜻이니까."

세상에서 가장 긴 5분이 지나고 메시지 한 개가 도착했다.

"어머나! 우리 애들이야. 우릴 찾았대!"

메건 리 박사는 왈칵 눈물이 솟구쳤다. 뭐라도 해 보겠다고 했던 이 박사의 말이 떠올랐다. 실종된 이 박사가 살아 돌아온 걸까? 절망적인 상황 속에서 실낱같은 희망이 보였다. 메건 리 박사는 궁금한 게 많았지만 배터리 잔량이 얼마 남지 않았다.

"그럼 구조 신호도 전달되었겠죠?"

메건 리 박사는 확신에 차서 고개를 연거푸 끄덕였다.

"그럴 거야. 할 수 있는 건 다 한다고 했어. 어쨌든 이제부터가 중요해. 우리한테 필요한 건 시간이야. 아까 주변을 레이저 스캔한 자료들이 필요할지 모르니까 압축해 줘. 그리고 이제는 산소를 정말 아껴야 해."

대원들은 최대한 산소를 아끼기 위해 적게 움직이면서 각자 할 일을 했다. 메건 리 박사는 머릿속으로 차근차근 상황을 정리했다. 메시지로 보내는 자료는 제한적이었다. 레이저 스캔 데이터를 보낼 수만 있으면 훨씬 더 가능성이 높아질 것이다.

잠시 후 답 메시지가 왔다.

- 중국의 오작교 위성과 안정적으로 통신할 수 있는 가시선을 확보하면 레이저 통신으로 데이터 송신 가능.

- 경로상에 있는 장애물 정보가 없어서 현장 대처 필요.

메건 리 박사는 메시지를 보고 깜짝 놀랐다. 자기가 보낸 정보만으로 이 짧은 시간에 이토록 상세하게 대응책을 제시하는 게 과연 가능한 일일까? 우주 관제소였다고 해도 분석에만 몇 시간은 걸릴 일이었다. 더군다나 우주에서 위험성이 높은 작전은 결정을 내리기까지 수많은 회의를 거쳐야 했다. 지금은 그런 과정 없이 메건 리 박사가 모두 결정을 내려야 할 시간이었다.

첫 번째 난관은 로봇 팔의 집게가 고장 나서 차폐막을 떼어 낼 수 없다는 것이었다.

"차폐막을 떼어 내려면 선외로 나가서 분리해야 한다는 거지?"

그러기에는 위험할뿐더러 시간도 촉박했다.

"최대한 데브리선에 붙여서 저항을 줄이는 게 어떨까요?"

"오케이, 시간이 없으니까 일단 출발하자. 이동하는 동안 주변 레이저 스캔 계속하고."

로봇 팔 담당 대원이 차폐막을 최대한 데브리선 바닥에 붙였다.

"스캔 준비 완료했습니다!"

"자, 레이저로 쓸어 내면서 나갈 거다!"

"가자, 빗자루 출동!"

메건 리 박사는 휴대 전화를 만지작거렸다. 어쩌면 마지막이 될지도 모르는 상황이었다. 메시지를 쓰려고 하는데 할 말이 생각나지 않았다. 한참을 고민하던 끝에 한 문장을 적었다.

- 보고 싶다.

메건 리 박사가 문자 메시지 전송 버튼을 누르려는 찰나 지구에서 먼저 메시지가 도착했다.

"돛단배 탈출 작전을 시작하겠다는데?"

"설마 장난은 아니겠죠?"

"하아."

대원의 말에 메건 리 박사는 짧게 한숨을 내쉬었다. 내심 자

신도 장난이 아닐까 생각했기 때문이었다. 그때 꺼져 있던 데브리선의 중앙 제어 시스템에 전원이 들어왔다.

"데브리선의 자동 조작 시스템을 복구했습니다."

원래 데브리선은 인공 지능으로 자동 조작되는 것이었는데 우주 폭풍에 휘말려 시스템이 작동하지 않았었다.

"어떻게 고친 거지?"

"야옹! 메건 리 박사님, 나는 유니캣입니다."

대원들 모두 긴장한 표정으로 주변을 두리번거렸다.

한밤중 수학자들의 양자 역학 토론

0과

오늘 아빠는 스코틀랜드의 아름다운 수도 에든버러에 머물고 있단다. 오후에 산책을 하다가 홀리루드하우스 궁전 미술관에서 우연히 전부터 보고 싶었던 아르테미시아 젠틸레스키의 자화상을 보게 되었단다. 이탈리아 출신 화가의 자화상이 왜 영국 궁전 미술관에 있을까? 아마도 1638년쯤 영국 왕 찰스 1세가 그를 초대했을 때 그린 그림인가 봐. 이 작가가 그린 그림 중에 너희도 잘 아는 작품이 있어.

작년 여름에 피렌체의 우피치 미술관에서 보았던 〈홀로페르네스의 목을 베는 유디트〉 그림 기억하지? 너희가 잘린 목에서 솟구쳐 나온 핏줄기가 포물선 궤적을 그리며 떨어지는 장면이 징그럽다고 했잖아. 그런데 아빠가 아주 놀라운 그림이라고 말했더니 가까이 가서 자세히 보았지. 특히 핏줄기가 솟구치는 부분을 자세히 보았어.

당시 사람들은 물건을 던졌을 때 힘이 다하면 직선으로 떨어진다고 생각했어. 그런데 갈릴레오가 물건이 떨어질 때 포물선을 그린다는 것을 발견했어.

갈릴레오와 같은 시대를 살았던 화가가 그 혁신적인 이론을 그림에 반영한 거지. 얼마나 대단한 발견이냐고? 핏줄기가 포물선 궤적을 그린다는 개념이 없었다면 태양 주위를 도는 행성들의 궤적을 파악한 뉴턴의 중력 이론도, 인공 위성의 경로를 계산하는 현대 우주 과학도 나오지 못했을지 몰라. 그만큼 중요한 발견이었지.

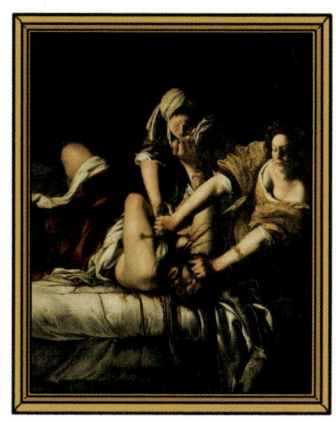

에든버러에는 역사적으로 유명한 인물들이 많이 살았는데, 아빠가 가장 관심 있는 인물은 19세기 수리 물리학자 제임스 클러크 맥스웰이야. 그런데 신기하게도 수학 연구소에서 아빠에게 제공해 준 연구실이 수리 물리학자 제임스 클러크 맥스웰의 생가 위층이었어.

맥스웰은 전기와 자기의 힘을 연구하다 두 힘이 근본적으로 같다는 수학적 이론을 정립하고 빛이 무엇인지 처음 알아낸 인물이야. 맥스웰은 빛이 전자기장의 진동이라는 놀라운 사실을 발견했어. 음이 공기 압력의 진동이라고 했잖아.

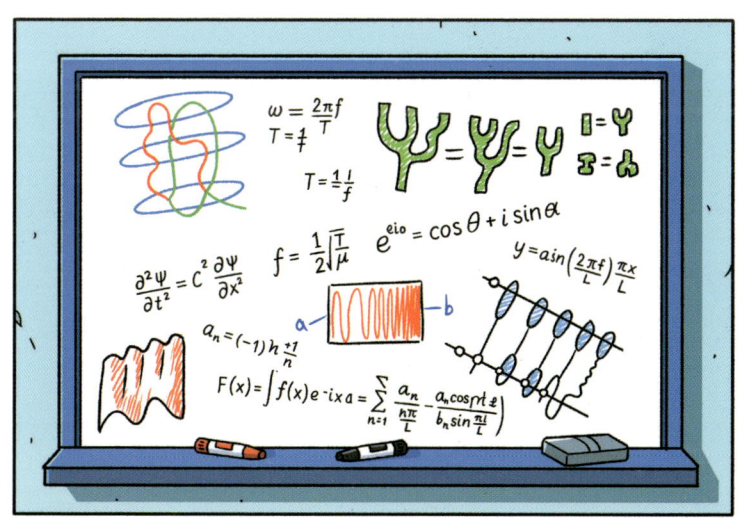

빛과 음이 수학적으로 상당히 비슷하다는 뜻이지.

아빠가 이곳에 온 이유는 음의 엮음에 대해 수학자들과 의논하기 위해서야. 여기 수학자들은 2차원, 3차원, 4차원 곱셈과 양자 역학의 관계를 연구하고 있거든. 지난 며칠간 음의 엮음에 대해 밤늦도록 논의를 계속했지.

음의 엮음과 유사한 개념들이 그들의 연구와 겹치는 게 많아서 뭔가 통일된 관점을 찾으려는 거야. 한참 이야기하고 나니까 연구소 칠판은 재미있는 그림으로 가득 차 있더라. 수학은 보통 그림으로 이야기하는 게 더 잘 통하는 것 같아.

모처럼 비슷한 생각을 하는 사람들을 만나니까 시간이 어떻게 지나갔는지 몰라. 이곳에 더 머물고 싶지만 내일 아침에는 런던으로 돌아가야 해. 저녁에는 붉은 노을이 온 하늘을 물들이더니 지금은 빗줄기가 굵어졌어. 스코틀랜드 시인 휴 맥더미드의 어둡지만 아름다운 시가 떠오르는 밤이구나. 졸음이 올 때 꼭 자야지.

1에게

물 무지개

비 오는 황혼, 어린 양 떠는 계절 나는 드문 광경을 보았네

비바람 저편 떨며 빛나는

물 무지개 하나를

그리고 네가 죽기 전 마지막으로 보여 준 그 거친 눈빛을 떠올렸지!

종달새 둥지엔 연기 한 점 없었고 내 집에도 없었네

하지만 그 어리석은 빛을 그날 이후로 늘 생각했지

그리고 마침내,

어쩌면 이제야

네 눈빛이 뜻했던 바를 알 것 같아

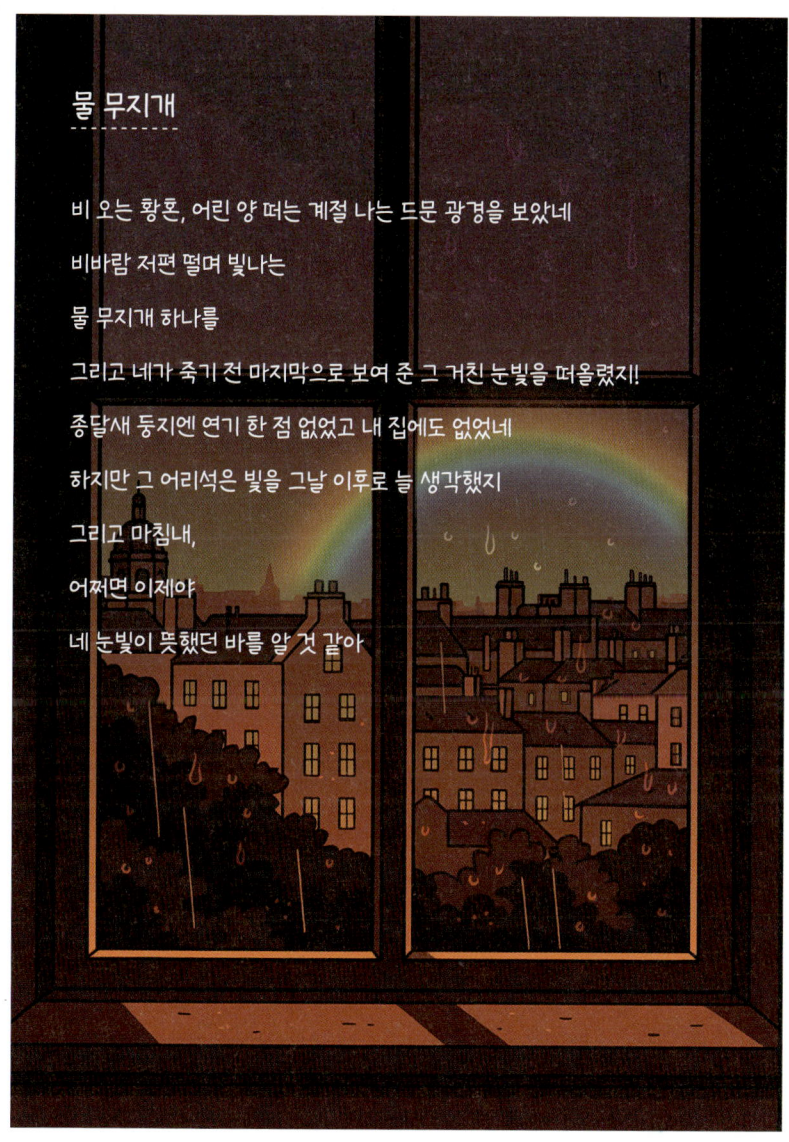

만든 사람들

기획 김민형 영국 에든버러 국제수리과학연구소장이자 에든버러대학교 수리과학 석학 교수이며, 한국고등과학원 석학 교수입니다. 한국인 최초로 옥스퍼드대학교에서 수학과 교수를, 워릭대학교에서 세계 최초로 '수학 대중화' 석좌 교수를 지냈습니다.

글 김태호 동화〈기다려!〉로 제5회 창비어린이 신인문학상을 받으며 작품 활동을 시작했습니다. 동화책《네모 돼지》《제후의 선택》《신호등 특공대》등을 썼고, 그림책《아빠 놀이터》《엉덩이 학교》《섬이 된 거인》을 쓰고 그렸습니다.

그림 홍승우 홍익대학교 시각디자인과를 졸업하고, 가족의 일상을 따뜻한 시선으로 그린 만화《비빔툰》으로 만화 활동을 시작했습니다. 어려워 보이는 과학을 쉽고 재미있는 만화로 전달하는 것을 좋아한답니다. 그린 책으로《올드》《초등학생을 위한 양자역학》(전 5권)《이그너벨 박사의 과학실험 대소동》(전 7권) 등이 있습니다.

기획 고래방(최지은) 과학 동화 시리즈《별이 된 라이카》《생쥐들의 뉴턴 사수 작전》《외계인, 에어로 비행기를 만들다!》와 어린이를 위한 SF〈끼익끼익의 아주 중대한 임무〉, 청소년을 위한〈빅히스토리〉(전 20권) 등 60여 권을 기획했습니다.

기획 김명철 서울대학교 심리학 박사로, 어려서부터 과학적 상상력이 담긴 SF에 빠져 다양한 콘텐츠를 읽고 보았습니다.〈SF 읽어주는 심리학자〉칼럼을 연재했으며, 지은 책으로《다를수록 좋다》《지구를 위하는 마음》등이 있습니다.

콘셉트 아트 박지윤 캘리포니아예술대학 졸업 후 픽사 스튜디오에서〈온워드〉〈엘리멘탈〉등의 애니메이션 캐릭터 디자인과 콘티 작업을 했습니다. 현재는 핑크퐁 등 국내 스튜디오와 함께 영화 스토리보드를 그리고 있습니다.

그림 도움 홍동훈(펜선), 정지연(채색), 변승현(채색)은 홍승우 만화가와 함께 과학과 수학을 비롯한 교양을 배우고 세상의 이치를 깨달을 수 있는 좋은 만화를 그리고 있습니다.

김민형 교수의
수학 추리 탐험대
4. 수와 규칙: 특명! 엄마를 구출하라

초판 1쇄 2025년 7월 30일

기획 김민형, 고래방   글 김태호   그림 홍승우
펴낸이 문태진   본부장 서금선
책임편집 이은지   편집 한지연   디자인 씨오디

마케팅팀 김동준, 이재성, 박병국, 문무현, 김윤희, 김은지, 이지현, 조용환, 전지혜, 천윤정
디자인팀 김현철, 이아름   저작권팀 정선주
경영지원팀 노강희, 윤현성, 정현준, 조샘, 이지연, 조희연, 김기현
펴낸곳 ㈜인플루엔셜   출판신고 2012년 5월 18일 제300-2012-1043호
주소 (06619) 서울특별시 서초구 서초대로 398 Bnk디지털타워 11층
전화 02-720-1034(기획편집) | 02-720-1024(마케팅)   팩스 02-720-1043
전자우편 books@flinfluential.co.kr   홈페이지 www.flinfluential.co.kr

© 김민형, 홍승우, 고래방 2025

ISBN 979-11-6834-306-1 74410
     979-11-6834-210-1 (세트)

* 이 책은 저작권법에 따라 보호받는 저작물이므로 무단 전재와 무단 복제를 금하며, 이 책 내용의 전부
  또는 일부를 이용하려면 반드시 저작권자와 ㈜인플루엔셜의 서면 동의를 받아야 합니다.
* 잘못된 책은 구입처에서 바꿔 드립니다.   * 책값은 뒤표지에 있습니다.
* 북스그라운드는 ㈜인플루엔셜의 어린이책 브랜드입니다.
* 북스그라운드는 어린이들이 마음껏 상상하며 성장할 수 있는 토대를 만들고자 합니다.
* 참신한 원고가 있으신 분은 연락처와 함께 letter@influential.co.kr로 보내 주세요.

KC마크는 이 제품이 공통안전기준에 적합하였음을 의미합니다.
제조국: 대한민국 사용연령: 8세 이상
주의 사항: 책의 모서리에 다치지 않게 주의하세요.